Über dieses Buch Der blutsaugende Graf Dracula ist eine literarische Erfindung des Iren Bram Stoker; sein Dracula-Roman erschien 1897 und war Ausgangspunkt sämtlicher Dracula-Geschichten.

Der wahre Dracula war nicht Vampir, sondern ein skrupelloser Machtpolitiker namens Vlad Tepes. Er herrschte in der zweiten Hälfte des 15. Jahrhunderts als Fürst über die Walachei, das Gebiet zwischen Karpaten und Donau, das Kernland des heutigen Rumänien.

Die Geschichte des Fürsten Vlad Tepes ist eine außerordentlich blutige Geschichte, die sich vor dem Hintergrund des Kampfes zwischen dem Osmanischen Reich und den angrenzenden Balkanländern abgespielt hat. Vlad Tepes verteidigte sein Fürstentum gegen die expansionistischen Bestrebungen der Türken mit allen Mitteln. Diesen Auseinandersetzungen fielen mehr als 50 000 Menschen zum Opfer; dabei machte sich der Fürst einen »Namen« durch die Gewohnheit, seine Gegner durch Pfählen vom Leben zum Tod zu befördern – ein Bild, das in der Dracula-Legende wieder auftaucht. Sein eigenes Leben wurde dadurch beendet, daß er von seinen Gegnern geköpft wurde; damit war er allerdings wenig geeignet für die Legende als Blutsauger.

Der Autor stellt den Fürsten Vlad Tepes dar als einen Vorläufer moderner Herrschaft, wie sie 50 Jahre später von Machiavelli beschrieben wurde; er liefert gleichzeitig ein Panorama der Welt des Balkan im 15. Jahrhundert, der damals den Schauplatz des »Heiligen Krieges« zwischen Islam und Christentum abgab.

Der Autor Ralf-Peter Märtin, geboren 1951 in Eisenach, Studium der Geschichte und Germanistik in Berlin, 1982 Promotion, arbeitet in einem Münchner Verlag.

Veröffentlichungen u. a.: Wunschpotentiale. Geschichte und Gesellschaft in Abenteuerromanen (Königstein / Ts. 1983); Pontius Pilatus. Römer, Ritter, Richter (München 1989); Lust am Reisen (als Hg.; München 1990₄).

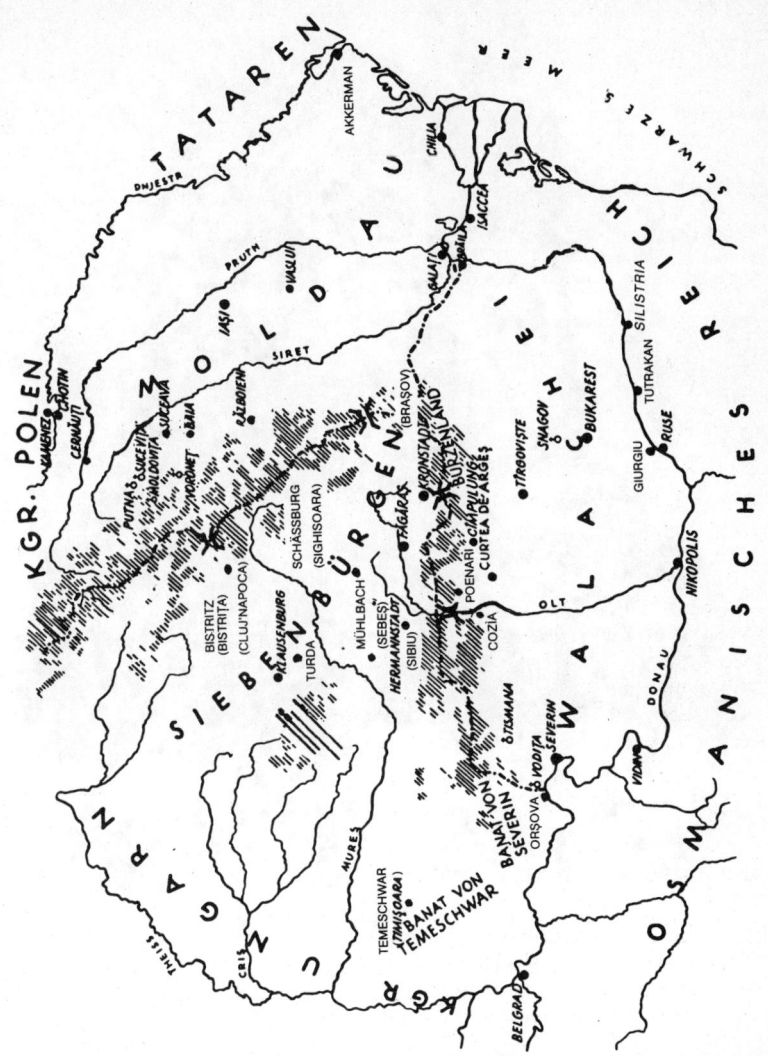

Er war nicht sehr groß, aber untersetzt und muskulös. Sein Auftreten wirkte kalt und hatte etwas Erschreckendes an sich. Er hatte eine Adlernase, geblähte Nasenflügel, ein rötliches, mageres Gesicht, in dem die sehr langen Wimpern große, weit-offene, grüne Augen umschatteten; schwarze, buschige Brauen gaben ihnen einen drohenden Ausdruck. Er trug einen Schnurrbart. Breit ausladende Schläfen ließen seinen Kopf noch wuchtiger erscheinen. Ein Stiernacken verband seinen Kopf, von dem schwarze gekräuselte Locken hingen, mit seinem breitschultrigen Körper.
Beschreibung des Vlad Tepes durch Nikolaus Modrussa,
Legat des Papstes am ungarischen Hof.

Ralf-Peter Märtin

DRACULA

Das Leben des Fürsten Vlad Tepes

Fischer Taschenbuch Verlag

Überarbeitete Neuausgabe
Veröffentlicht im Fischer Taschenbuch Verlag GmbH,
Frankfurt am Main, Februar 1991

Lizenzausgabe mit freundlicher Genehmigung
des Verlages Klaus Wagenbach, Berlin
© 1980, 1991 Verlag Klaus Wagenbach
Umschlaggestaltung: Buchholz / Hinsch / Hensinger
Umschlagabbildung: Mary Hens
Fotos: Rosemarie Paetau
Gesamtherstellung: Clausen & Bosse, Leck
Printed in Germany
ISBN 3-596-10330-4

Inhalt

Vorwort

»Ein ziemlich abseitiges Thema«, meinte Tilius, »aber Sie werden sicherlich gewisse Parallelen zur heutigen Situation…«, er brach ab, weil er sah, wie Lothar durch ein majestätisches Kopfschütteln bereits seine Antwort gab.

»Im Gegenteil«, sagte Lothar, mit jener Ironie eines regierenden Fürsten, die ihm von seinen Kollegen stets so übelgenommen wurde, »mich reizt es gerade, Lagen zu zeigen, deren Bedingungen mit nichts anderem verglichen werden können. Überhaupt interessiert mich an einem Vorgang nur, zu untersuchen, inwiefern er einzigartig ist.«

Alfred Andersch / *Ein Liebhaber des Halbschattens*

Unstrittig war mein Mitbewohner eine merkwürdige Figur. Wenn er aus den Semesterferien zurückkehrte, brachte er Hunderte von Dias mit, die er auf norditalienischen Friedhöfen aufgenommen hatte. Es waren die siebziger Jahre, wir lebten in Berlin und gingen vorzugsweise ins Kino.

Meyer liebte Horrorfilme. Damit er nicht allein im Dunkeln schlotterte, kamen wir mit und sahen zusammen die diversen Carmillas, Wyjs und Frankensteins, die Wolfsmenschen, Vampire und als deren Krönung eben ihn: Graf Dracula.

Nach der Vorstellung sprach Meyer – er war Germanist – stundenlang über Lichtverhältnisse, Atmosphären, Halbschatten und die Spannung zwischen Idyll und Schrecken. Ich, der Historiker, schaute in mein Glas Charlottenburger Pilsner und versuchte, die spärlichen historischen Angaben der Filme zum Porträt einer geschichtlichen Person zu verdichten. War der Graf reine Erfindung, oder verbarg sich eine wirkliche Geschichte dahinter? Die vermutete Geschichte begann mich mehr zu interessieren als der Vampir. Ich las den »Dracula«-Roman Bram Stokers und stieß auf folgenden Abschnitt: »Er muß tatsächlich jener Wojwode Dracula gewesen sein, der sich in den Türkenkriegen berühmt gemacht hat. Wenn sich das wirklich so verhält, dann war er kein gewöhnlicher Mann, denn damals und noch Jahrhunderte später wurde er als der klügste und geschickteste, aber auch als der tapferste der Söhne des ›Landes jenseits der Wälder‹ gerühmt.«

Danach ergab sich alles von selbst. Ich begann südosteuropäische Geschichte zu studieren, bereiste ausführlich Transsilvanien und Transalpinien, Ungarn, die Moldau, Serbien und

Kroatien. Ich fand den Woiwoden, aber statt einer mußten viele Geschichten erzählt, viele Fragen gestellt und einige beantwortet werden.

Als Ergebnis zeige ich Ihnen den Fürsten Vlad III. Tepes, den »Pfahlwoiwoden« (1431–1476/77), der deswegen zum Vorbild des Vampirgrafen wurde, weil er gegen seine äußeren wie inneren Feinde mit ausgesuchter Grausamkeit vorging, als er sein Fürstentum »modernisierte«. Ich beschreibe die Welt des Balkans im 15. Jahrhundert und damit den Schauplatz der kriegerischen Auseinandersetzung zwischen Christentum und Islam. Warum gelang es den abendländischen Ritterheeren nicht, die Türken in ihrem Siegeslauf aufzuhalten, und was bedeutete eigentlich Grausamkeit in dieser Zeit? Zwei Gesellschaftssysteme stießen zusammen, und die Walachei samt ihren Fürsten lag in der Bruchzone, was beiden nicht gut bekam.

Das Panorama, das ich vor Ihre Augen stelle, reicht von Nürnberg bis Konstantinopel, von Venedig bis Persien. Ausgebreitet ergibt sich ein bunter ethnischer und religiöser Flickenteppich, der sich heute genau in die Bestandteile auflöst, die schon im 15. Jahrhundert nicht zusammenpassen wollten.

Vlad Tepes/Dracula hat seine Bedeutung in der rumänischen Geschichtsschreibung als tapferer Türkenbekämpfer, der es wagte, selbst gegen den Eroberer Konstantinopels, Mehmed II., Krieg zu führen. Die Deutschen Siebenbürgens, die Vlad Tepes um ihre Handelsprivilegien in der Walachei brachte, haben ihn als lästigen Konkurrenten gesehen; die nicht gerade zimperlichen Türken als Wüterich, der es mit dem beständigen Pfählen seiner Gegner doch etwas übertrieb, und die Ungarn schließlich als Verräter, auf den man sich tunlichst nicht verließ.

Die Beurteilung und Einschätzung des Fürsten ist demnach Teil einer nationalen Interessenlage. Vlad Tepes dient als Beweis. Den Rumänen als Exempel für ihren Widerstand gegen die Türken – die rumänischen Fürstentümer als Bollwerke des Abendlands. Die Deutschen diskriminierten mit ihren Flugschriften über den »Thyranen Dracole Wyda« und seine scheußlichen Grausamkeiten dessen Handelspolitik gleich mit, die Türken waren sowieso gegen ihn, und die Ungarn brauchten offensichtlich einen wohlfeilen Grund für ihr eigenes Versagen im Kampf gegen die osmanische Bedrohung.

Demgegenüber will mein Buch gar nichts beweisen und stellt sich auf keine Seite. Es will auch niemanden »retten«, schon gar

Ritterheer auf dem Marsch

nicht die Hauptfigur, und verteilt keine Zensuren. Mein einziger Ehrgeiz war es, eine Bewegung und ihre Protagonisten zu beschreiben, die Hintergründe, die verbreiteten Denkweisen, die militärischen und politischen Mittel.

Jede gute Geschichte, unmittelbar zu Gott, hat ihren Wert in sich.

Für die Neuausgabe wurde der Band sorgfältig durchgesehen und die Bibliographie auf den aktuellen Stand gebracht. Karten, Zeittafel, Personenverzeichnis und Register sollen eine rasche Orientierung ermöglichen.

München, im September 1990   Ralf-Peter Märtin

Nürnberg im 15. Jahrhundert

Ein Reichstag (1431)

*König Sigismund in Nürnberg. Die Hussiten. Vlad Dracul. Wo
soll der herkommen? Aus der Walachei? Der Raum (geogra-
phische Beschreibung). Die Türken. Trübe Erfahrungen.*

Um die Septembermitte 1430 zog Sigismund v. Luxemburg,
deutscher, ungarischer und böhmischer König, in die Reichs-
stadt Nürnberg ein, um dort einen Reichstag abzuhalten. Bereits
im März hätte der Reichstag eröffnet sein sollen, doch hatte ein
Einfall der Hussiten nach Bayern, Franken und Sachsen die
Wege unsicher gemacht und Sigismund selbst an der Möglichkeit zweifeln lassen, den Reichstag wie vorgesehen zu begin-
nen.

Es waren nicht viele Reichsstände[1] erschienen, wie die königlichen Kommissare feststellen konnten, die im Juni anreisten,
um Sigismund wegen seines Ausbleibens zu entschuldigen, und
seine baldige Ankunft in Aussicht stellten. Als der König eintraf,
hatte die Mehrzahl der Teilnehmer, des Wartens überdrüssig,
Nürnberg den Rücken gekehrt. Sigismund setzte deshalb einen

13

neuen Termin für Anfang Januar 1431 fest. Am 9. Februar konnte er den Reichstag endlich eröffnen.

Wie die vorigen stand auch dieser Reichstag im Zeichen der Hussitengefahr. Der böhmischen Krone, als deren rechtmäßiger Inhaber sich Sigismund seit 1419 verstand, war er nicht recht froh geworden. Mit der Verbrennung des Jan Hus auf dem Konstanzer Konzil war die böhmische ›Ketzerei‹ keineswegs erloschen, vielmehr erst richtig in Gang gekommen. Die Forderungen der Böhmen, die sich in der Nachfolge des Hus Hussiten nannten, enthielten in ihren religiösen, kirchenkritischen Parolen auch eine Fülle sozialen Zündstoffes, wie von den Kirchenfürsten und weltlichen Herren instinktsicher erkannt wurde.

Seit 1420 hatte Sigismund in vier Kreuzzügen vergeblich versucht, die Hussiten zu unterwerfen. Ihr nationaler Zusammenhalt, ihre hohe Moral, die Entwicklung neuer Kampftechniken, nicht zuletzt die militärischen Fähigkeiten ihrer Anführer Zizka von Trocnov und Prokop hatten alle Angriffe scheitern lassen. Die letzte Niederlage datierte von 1427, wo das auf 100 000 Mann geschätzte Kreuzfahrerheer bei der Nachricht, daß die Hussiten kämen, kampflos auseinandergelaufen war. Das sollte sich nun ändern. Ein fünfter Kreuzzug war ins Auge gefaßt, der ein für allemal Schluß machen sollte mit den böhmischen Ketzern. Dazu war Geld nötig, und Sigismund hoffte, es von den versammelten Reichsständen zu erhalten.

Das Feilschen darüber, wer wieviel zu geben habe, zog sich hin. Sigismund, dem die Chronisten übereinstimmend eine ausgeprägte Begabung zur Repräsentation attestieren, demonstrierte derweil die Größe seines Einflusses in der Welt damit, daß er in feierlicher Handlung einen rumänischen Adligen namens Vlad zum neuen Woiwoden (Fürst) der Walachei erhob und ihn zum Ritter des von ihm 1418 zum Kampf gegen die Türken gegründeten Drachenordens schlug. Der Beiname, den Vlad fortan führte, lautete dementsprechend Dracul, was im Rumänischen allerdings Teufel bedeutet.

Vlad Dracul, ungefähr Mitte dreißig, war kein Unbekannter in Sigismunds Gefolge. Schon vor dem Jahr 1418 war er an den Hof des Königs gekommen: als Geisel eingefordert, um die Treue seines Vaters, des damaligen Woiwoden der Walachei Mircea cel Batrin (der Alte) zu verbürgen. Wohl oder übel hatte er den König in den vergangenen Jahren begleitet, war auch nach dem Tode Mirceas (1418) bei Sigismund geblieben und hatte nur 1423

14

Lehnseid

Sigismund, Kaiser und König

einen Versuch gemacht, die Gastfreundschaft des ungarischen Königs mit der des polnischen zu vertauschen, wahrscheinlich, weil er von diesem die militärische Hilfe erhoffte, die jener ihm nicht geben wollte. Man hielt ihn aber an der Grenze auf und brachte ihn nach Buda[3] zurück.

Jetzt, acht Jahre später, kniete Vlad Dracul vor Sigismund und schwor:

»Gnädigster König! Ich leiste den Eid der Treue und schwöre, und verspreche ohne Arglist und Betrug Eurer Majestät und Ihren Nachfolgern und der Krone Ungarn mit allen mir unterstehenden Ländern, Bojaren und Leuten Treue und Gehorsam. So helfe mir Gott, und das Kreuz Christi.«

Worauf der König antwortete:

»Wir nehmen Dich und Deine Länder unter Unsern Schutz, und belassen Dich bey dem Recht und Besitz derselben als Unsern Woiwoden.«

und ihm das Zeichen seiner Herrschaft, einen Streitkolben, überreichte.

16

Auf die Nürnberger Bürger wirkte das gebotene Schauspiel weit weniger exotisch, als man zunächst annehmen mag. Die Walachei lag im Bewußtsein der Zeitgenossen noch nicht in jener heutigen Grauzone »hinter den Bergen«, in der sich der Begriff höchstens noch als Synonym für Unordnung (›hier sieht's ja aus wie in der Walachei‹) erhalten hat. Die Nürnberger Kaufleute handelten zwar nicht direkt mit Transalpinien, wie man die Walachei damals nannte, wenn man sich auf Latein verstand, aber ihre Kontakte mit den deutschen Städten Siebenbürgens (Transsilvanien) waren ausgezeichnet. Aus den Karpaten bezogen sie einen Teil der Erze, die sie für ihre florierende Rüstungsproduktion benötigten, und lieferten im Gegenzug Fertigwaren, Waffen vor allem und Tuche. Wer in der Walachei regierte, war ihnen nicht gleichgültig, so wenig ihnen der profitable Handel gleichgültig war, den sie mit Siebenbürgen und der Walachei trieben. Ihre Beteiligung am Türkenfeldzug von 1396 hatte es bewiesen.[4]

Ein Blick auf die Karte zeigt die strategische Bedeutung des Landes. Seit dem Ende des 14. Jahrhunderts standen die Türken an der Donau. Vom ungarischen Königreich, das damals neben dem Kernland, der ungarischen Tiefebene, weite Teile des heutigen Jugoslawien sowie Siebenbürgen umfaßte, trennte sie nur noch ein schmaler Gürtel von Kleinstaaten: Serbien, Bosnien, die Walachei. Ziel der Balkanpolitik Sigismunds war es, diese Staaten unter ungarische Oberherrschaft zu bringen, um so die ungarischen Südgrenzen zuverlässig vor den Türkeneinfällen zu

Streitkolben

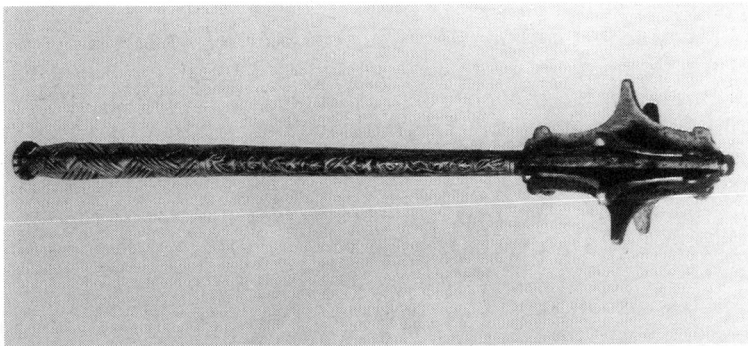

Mircea cel Batrin (der Alte);
Büste von Marius Butonoù

schützen. Dabei kam der Walachei insofern erhöhte Bedeutung zu, als in ihrem Gebiet die Einfallstore nach Siebenbürgen lagen.

Die Hochebene von Siebenbürgen liegt im weiten Ring der Karpaten, die sie im Norden, Osten und Süden umschließen. Während die Pässe nach Osten, eng und gewunden in die Moldau führend, relativ leicht zu sperren sind, bieten sich im Süden zwei große Karpatendurchbrüche: der Rote-Turm-Paß, der Hermannstadt (Sibiu) mit der südlich gelegenen Kleinen Walachei (Oltenia) verbindet, und der Predeal-Paß, der die Verbindung Kronstadts (Brasov) zur Großen Walachei (Muntenia) darstellt. Der Rote-Turm-Paß bot sich für Einfälle nach Siebenbürgen besonders an. Die Bergzüge im Westen und Osten erreichen in ihren Gipfeln Höhen von über 2500 Metern, der Paß selbst liegt nur

250–380 Meter hoch, da er das Durchbruchstal eines Flusses, des Olt, bildet. Er ist zu breit, um mit Erfolg gesperrt werden zu können. Die Befestigungen des Passes an seinem nördlichen Ausgang hatten neben Kontroll- und Zollfunktionen nur die Aufgabe, den Feind möglichst so lange aufzuhalten, daß im kaum 40 Kilometer entfernten Hermannstadt Verteidigungsmaßnahmen getroffen werden konnten. Es war eine taktische, keine strategische Stellung. Eine effektive Verteidigung bedurfte des Vorfelds, der Walachei.

Das Fürstentum, in seiner Süd-Nord-Erstreckung von der Donau bis hinein nach Siebenbürgen reichend, im Osten durch den Milcov-Fluß vom Fürstentum Moldau getrennt, im Westen bis ans Eiserne Tor, den Donaudurchbruch, ausgreifend, hatte in seiner größten Ausdehnung ca. 125 000 qkm umfaßt. Das war um 1415 gewesen unter der Herrschaft Mircea cel Batrins, Vlad Draculs Vater. Mircea hatte die nach der Schlacht von Ankara[5] ausgebrochenen innertürkischen Machtkämpfe gut genutzt und sein Fürstentum um Gebiete südlich der Donau, vor allem um die Dobrudscha erweitert. Mit der Befestigung des Hafens und der Stadt Kilia, die die Donaumündung kontrollierte, und dem festungsmäßigen Ausbau der Donauübergänge Giurgiu, Silistria und Isacea suchte er die Donau als Grenze gegen die Türken zu sichern. Seine militärischen Erfolge fundierte er außenpolitisch durch eine ausgewogene Schaukelpolitik. Anerkannte er einmal die Oberherrschaft des Sultans, so unterwarf er sich ein anderes Mal dem ungarischen König, um schließlich dem Polenkönig Treue zu schwören. Es kam ihm auf den Schein nicht an, wichtig war ihm die erreichte De-facto-Unabhängigkeit.

Noch während Mirceas Regierung machte eine großangelegte türkische Offensive seine Erfolge teilweise zunichte. Nach seinem Tod beschleunigten der Streit um die Nachfolge und die Unmöglichkeit, ungarische Hilfe zu organisieren – Sigismund sah seine vordringliche Aufgabe in der Niederwerfung der Hussitenrebellion –, das türkische Vordringen. Um die Mitte der 20er Jahre des 15. Jahrhunderts waren die Landstriche südlich der Donau wieder verloren, über den von Mircea erbauten Festungen wehten türkische Banner, und die Einfälle nach Siebenbürgen nahmen zu, mit ihnen die Klagen über Sigismunds Untätigkeit.

1427 ergriff der König endlich die Initiative. An der Spitze seines Heeres erschien er in der Walachei, unterstützte damit

Der Rote-Turm-Paß

den ungarnfreundlichen Fürsten, Dan II., und befestigte erneut die Donauübergänge. Er schrieb auch an den Deutschen Ritterorden in Preußen, ob er sich nicht beteiligen wolle am Kampf gegen die Ungläubigen, doch die Ritter lehnten dankend ab.[6] Nichtsdestoweniger setzte Sigismund im nächsten Jahr den Feldzug fort, erlitt aber vor der serbischen Festung Galambocz eine schwere Schlappe und zog sich nach Ungarn zurück. Seine Erwerbungen gingen gänzlich verloren. Die Türken besetzten wiederum die Donaufestungen. Dan II., der sich als ungarischer Vasall am Feldzug Sigismunds mit einem walachischen Kontingent beteiligt hatte, war gezwungen, dem türkischen Sultan Tribut zu zahlen, wollte er nicht riskieren, sich eine Strafexpedition auf den Hals zu laden.

Fortan galt er als unzuverlässig. Die Investitur Vlad Draculs war deshalb keine bloße Geste, sondern meinte die konsequente Wiederaufnahme der ungarischen Balkanpolitik: Nicht nur wurde Vlad Dracul der Titel eines »Protektors der transsilvanisch-walachischen Grenze« verliehen, Sigismund verpflichtete sich ferner zu Unterstützungszahlungen sowie zur Bereitstellung eines Truppenkontingents.

Nach dem Reichstag reiste Vlad Dracul nach Schäßburg (Sig-

Reste der Befestigungen am nördlichen Ausgang

hisoara) ab, wo er ein Haus besaß; von da aus gedachte er die Vorbereitungen zu treffen, die nötig waren, um die Option auf die Woiwodschaft in eine wirkliche Machtergreifung zu verwandeln.

Zurück blieb ein rumänischer Kleinadliger. Dieser Mann, Johann Hunyady, seit 1430 im Dienste Sigismunds stehend und vornehmlich mit militärischen Aufgaben betraut, sollte im Leben Vlad Draculs und seiner Söhne eine Hauptrolle spielen.

Walachische Wirren (1431–1442)

Vlad Dracul in Siebenbürgen. Vlad Draculea geboren. Vlad Dracul Woiwode der Walachei. Der Bauernaufstand. Übergang zu den Türken. Scylla und Charybdis oder walachische Außenpolitik. Vlad Draculea als Geisel in der Türkei.

Siebenbürgen oder Transsilvanien (›hinter den Wäldern‹) ist einer der buntesten ethnischen Flickenteppiche auf der europäischen Landkarte. Im 15. Jahrhundert wie auch heute noch bestand die Bevölkerung aus den vier Hauptgruppen der Rumänen, Ungarn, Szekler und Sachsen.

Die Deutschen waren in mehreren Einwanderungsschüben im 12. und 13. Jahrhundert ins Land gekommen. Zum größten Teil stammten sie von Rhein und Mosel, wurden aber von den ungarischen Beamten als »Sachsen« deswegen bezeichnet, weil sie ihre Auswanderungsroute vom Rhein nach Mitteldeutschland geführt hatte und die Ungarn diese Zwischenstation ihres Weges fälschlich als ihre eigentliche Herkunft ansahen. Ein ihnen 1224 vom ungarischen König verliehener Freibrief, das »Andreanum«, sicherte ihnen freies Grundeigentum auf den ihnen verliehenen Gebieten, eigenes deutsches Recht sowie volle Selbstverwaltung. Ihr Hauptsiedlungsbereich war der Süden und Norden Siebenbürgens, wo sie die Städte Hermannstadt und Kronstadt, Schäßburg und Bistritz als Mittelpunkte eines florierenden Handels gründeten. Die Siedlungen lagen zudem in den fruchtbarsten Regionen Siebenbürgens, was hohe landwirtschaftliche Erträge garantierte. Da die Sachsen auch im Bergbau – die siebenbürgischen Goldminen galten als unerschöpflich, ebenso gab es große Salzlagerstätten – wegen ihrer Kenntnisse gefragt waren, reichte ihre gesellschaftliche Machtposition über ihren bevölkerungsmäßigen Anteil weit hinaus. Im Handel und in vielen handwerklichen Bereichen besaßen sie fast eine Monopolstellung. Ihrer wirtschaftlichen Bedeutung entsprechend nahmen sie seit 1289 an den Landtagen des ungarisch-siebenbürgischen Adels als »natio recepta«[7] teil.

Woher die Szekler, die zweite »natio recepta«, stammen, ist nicht genau zu ermitteln. Ob es sich wirklich um Nachfahren der Hunnen handelt, um Grenzwachen Attilas gegen Westen, wie die

Sage geht[8], kann bezweifelt werden, doch nimmt man eine Herkunft aus Mittelasien allgemein an. Die Szekler siedelten im Südosten Siebenbürgens. Ihre Aufgabe war die Grenzwacht. Dafür hatte ihnen der ungarische König Privilegien gewährt. Sie waren dem Adel gleichgestellt, also auf den Landtagen mit Sitz und Stimme vertreten. Sie zahlten keine Steuern und unterlagen nicht dem königlichen Recht. Auf dem ihnen angewiesenen Boden hatten sie das alleinige Siedlungsrecht. Wie die Sachsen genossen sie vollständige Autonomie.

Den Löwenanteil Siebenbürgens besaß die dritte »natio«, der ungarische Adel. Er war in sieben Komitaten organisiert und intensiv damit beschäftigt, die letzten Reste des freien Bauerntums vergangener Zeiten in die Leibeigenschaft herabzudrücken und die Abgaben zu erhöhen. Der Adel war die politisch mächtigste Schicht. Aus seinen Reihen wurde der Woiwode Siebenbürgens gewählt, und ihm oblag, wenigstens in der Theorie, als Ausgleich für so mannigfaltige Vorteile, die Verteidigung des Landes.

Die zahlenmäßig stärkste ethnische Gruppe, die Rumänen, war auf den Landtagen nicht präsent; sie war politisch rechtlos. Die Diskussion darüber, inwieweit sie die eigentliche autochthone Volksgruppe Siebenbürgens bildeten, die infolge der Ausbreitung des ungarischen Königreiches nach Süden und Osten abgedrängt bzw. unterworfen wurde, füllt Bände. Die ungarische Geschichtsschreibung hält daran fest, daß Siebenbürgen ein demographisches Vakuum darstellte, das Ungarn nicht zu erobern, nur zu besiedeln und gegen Einfälle von Süden und Osten zu sichern brauchte. Die Rumänen wären dann erst später eingewandert. Andere Quellen berichten von einem sagenhaften rumänischen Woiwoden, der Siebenbürgen gegen die Ungarn verteidigte, jedoch geschlagen wurde. Wie auch immer, zunächst dürften die unterschiedlichen landwirtschaftlichen Produktionsweisen die Konflikte in Grenzen gehalten haben. Die Rumänen waren Wanderhirten, die Ungarn und Deutschen in der Hauptsache Ackerbauern. Siebenbürgen (62 000 qkm) hat etwa die Größe Bayerns. Seine Bevölkerung zählte noch gegen Ende des 15. Jahrhunderts erst eine knappe halbe Million, weite Landstriche waren menschenleer, ein Nebeneinander der landwirtschaftlichen Produktionsformen relativ problemlos. Der ungarische König hatte die Rumänen anfangs aus denselben Gründen privilegiert wie die deutschen Siedler. Sie sollten die

Randgebiete besiedeln und so das Kerngebiet schützen. Sie wurden der königlichen Kammer (der Finanzverwaltung) direkt unterstellt. Die Abgaben, die sie zu leisten hatten, waren gering. Als der ungarische Adel daranging, Siebenbürgen zielstrebig zum Feudalstaat auszubauen, wurde sowohl die soziale als auch die nationale Position der Rumänen geschwächt. Kooperationswillige Bojaren und Kneze aus der rumänischen Führungsschicht wurden in die ungarische Oberschicht aufgenommen und assimiliert, der gesamte Rest aber zu Fronbauern und Leibeigenen gemacht.

Es scheint daher nicht abwegig, in der Gründung der rumänischen Fürstentümer Walachei und Moldau in der ersten Hälfte des 14. Jahrhunderts eine Reaktion auf den anwachsenden ungarischen und deutschen Druck zu sehen.[9]

Die Situation der Rumänen war auch im religiösen Bereich prekär. Die drei anerkannten ›Nationen‹ bekannten sich zum Katholizismus, zur römischen Kirche, die Rumänen dagegen fühlten sich der griechisch-orthodoxen zugehörig, deren Haupt der Patriarch von Konstantinopel war. Den Alleinvertretungsanspruch des Bischofs von Rom, als Papst der gesamten Christenheit vorzustehen, war von der Ostkirche scharf zurückgewiesen worden. 1054 hatte man sich gegenseitig in den Bann getan[10] und als Ketzer beschimpft. Die Gegensätze waren geblieben: Durch Siebenbürgen verlief die Grenze der konkurrierenden kirchlichen Einflußsphären.

Daß die Kirche der Deutschen und Ungarn die Kirche ihrer Oberherren war, machte sie den Rumänen nicht beliebter, sowenig wie die drei Inquisitoren, die der Papst nach Siebenbürgen entsandt hatte, sie mit ihren Methoden überzeugen konnten: Das Repertoire der Unterdrückung reichte vom Verbot des Baus steinerner Kirchen[11] über Zwangsübertritte orthodoxer Bischöfe zum katholischen Glauben bis zu einzelnen Hinrichtungen halsstarriger Rumänen mit Pfahl und Strick, so sie nicht übertraten; ein Verfahren, gegen das selbst der ungarische König in einem Brief an den Papst Protest einlegte. Man brauchte die Arbeitskraft der Rumänen, soviel stand fest, hätte aber zur politischen gern die geistliche Kontrolle hinzugefügt. So war kein rechter Verlaß, es gab zu viele Unsicherheitsfaktoren: Nicht nur, daß die rumänischen Woiwoden der Moldau und Walachei auf die Unabhängigkeit ihrer Kirchenorganisation größten Wert legten – im moldauischen Staat fanden sogar hussitische Flüchtlinge Zuflucht und Hilfe. Im Bewußtsein der katholischen Kirche bewegte sich solches Verhalten knapp an der Grenze zur Häresie.

Mit all dem hatte sich Vlad Dracul auseinanderzusetzen. Der Protegé Sigismunds war, dies ist mit Sicherheit anzunehmen, längst zum katholischen Glauben konvertiert und repräsentierte in seiner Person unter anderem gewisse Hoffnungen des katholischen Klerus auf mehr Einfluß im Fürstentum der Walachei.

Die Hoffnungen mußten sich gedulden. Im weiteren Verlauf des für ihn so verheißungsvoll begonnenen Jahres 1431 stellten sich herbe Enttäuschungen ein. Kaum in Schäßburg angekommen, gingen ihm Berichte zu, daß in der Walachei der Thronwechsel bereits stattgefunden habe. Nicht nur den Ungarn, auch den Türken war Dan II. anscheinend ein zu unsicherer Kantonist. Der Sultan hatte sich als schneller erwiesen. Sein Kandidat saß nun mit türkischer Hilfe bereits fest im Sattel. Alexander Aldea, so sein Name, war Vlad Dracul nicht unbekannt: Es war sein Halbbruder.

Alexander regierte nicht ungeschickt. Er signalisierte Verständigungsbereitschaft und ließ durchblicken, daß sich seine türkischen Neigungen in Grenzen hielten. Also wartete man ab. Vlad Draculs Position verschlechterte sich weiter, als im August Nachrichten über den unrühmlichen Ausgang des böhmischen Feldzugs eintrafen. Der fünfte Versuch Sigismunds, das Königreich endlich in Besitz zu nehmen, war noch kläglicher gescheitert als die vorangegangenen:

»Der Schauplatz war die gleiche Grenzgegend bei Tachau wie beim vorigen Mal, als ob der genius loci in Gestalt eines Gottes der Panik dort waltete. Er hob nur lässig seine Hand und winkte, und die Kreuzfahrerkolonnen setzten sich nach rückwärts in Bewegung. Sie warteten nicht einmal den Anblick der Hussiten ab. Es genügte das dumpfe Rollen der in ›Zeilen‹ nebeneinander anfahrenden Kampfwagen, der ferne Gesang des nun schon bekanntgewordenen Hussitenchorals ›Die wir Gottes Streiter sind‹; es genügte, daß der Oberfeldherr Friedrich von Hohenzollern als erster einen ›kleinen Stellungswechsel‹ vornahm, wie er sich später verteidigte. Das Abrücken wurde zur wilden Stampede, die Troßknechte warfen das Gepäck herunter, um rascher vorwärts zu kommen, die Geschütze blieben stehen, die Ritter preschten voran in den Wald. Nur die riesige Beute, die sich am Waldrand aufstaute, und die einfallende Dunkelheit hielten die Hussiten auf.«[12]

Von Sigismunds Seite war keine Hilfe mehr zu erwarten. Zudem unternahm der König wenige Wochen später einen Zug nach Ita-

Geburtshaus des Vlad Tepes in Schäßburg (Sighisoara)

lien, um seiner Königs- noch die Kaiserkrone beizufügen. Die Truppen dazu warb er in Ungarn. Vlad Dracul mußte sich auf bessere Zeiten vertrösten lassen.

Man nimmt an, daß in diesem Jahr, 1431, der ›Held‹ dieser Geschichte in Schäßburg geboren wurde. Er war Vlad Draculs zweiter Sohn, der erste, Mircea, war um 1428 geboren, und man nannte ihn nach seinem Vater: Vlad, Draculs Sohn, das ist Draculea.

Im darauffolgenden Jahr, 1432, brachen die Türken in Siebenbürgen ein und verwüsteten das Burzenland, das Gebiet um Kronstadt. In vier Schreiben hatte Alexander Aldea händeringend die Sachsen um Hilfe ersucht. Er erhielt keine, obwohl er die Notwendigkeit eines gemeinsamen Vorgehens deutlich hervorhob:

»...somit, meine Brüder, mit euch zusammen vermag ich standzuhalten, ohne euch aber nicht... eilt so schnell wie möglich, Tag und Nacht, damit ihr mir Hilfe bringt; denn wenn es uns schlecht geht, wird es euch noch viel schlechter gehen.«[13]

So blieb Alexander keine Wahl. Um dem Sultan seine Treue zu demonstrieren, begleitete er das türkische Heer und plünderte selbst etwas mit. Fortan waren die Siebenbürger ihm Feind und er den Türken verpflichtet.

Diese Entwicklung kam Vlad Dracul nicht ungelegen. Mehr als zuvor empfahl er sich als proungarischer Gegenkandidat. Seine zweite Ehe, die er mit einer moldauischen Prinzessin, Eupraxia, einer Schwester der regierenden Fürsten Ilias und Stefan, einging, ließ ihn auf moldauische Hilfe hoffen.

Wir wissen nicht, aus welchen Hilfskontingenten sich das Aufgebot zusammensetzte, mit dessen Unterstützung sich Vlad Dracul schließlich zum Fürsten der Walachei erhob. Im Juli 1435 residierte er endlich in Tirgoviste, der Hauptstadt des Fürstentums. Alexander Aldea war kurz vorher gestorben.

Die Struktur des walachischen Fürstentums war von der Siebenbürgens durchaus verschieden. Seine 500 000 Einwohner stellten eine geschlossene ethnische Einheit dar. Nur in Cimpulung, einer Stadt, die der deutsche Ritterorden im 13. Jahrhundert kurzfristig in Besitz genommen und befestigt hatte, gab es eine starke deutsche Minderheit. Die Masse der Bevölkerung lebte in den Randgebieten der Karpaten. Die Donauebene, damals mit dichten Wäldern bedeckt, war nur schwach besiedelt.

Zentren des Handels, der von den deutschen Städten Siebenbürgens fast vollständig kontrolliert wurde, waren Tirgoviste, Cimpulung, Curtea de Arges, Pitesti, Rimnicu und Tirgu-Jiu; Braila, an der Donau gelegen, bildete den Haupthandelshafen. Die Städtchen waren klein und nur schwach befestigt. Mauern waren die Ausnahme; eine türkische Chronik weiß zu berichten, daß selbst Tirgoviste nur von Palisaden geschützt gewesen sei. Es gab Festungen an der Donau, aber die waren in türkischer Hand. Seit 1410, als Mircea cel Batrin das Fürstentum auf den Höhepunkt seiner Macht geführt hatte, war das Land, das Vlad Dracul sich untertan nannte, um ein Viertel geschrumpft.

Die Gesellschaftsstruktur des Fürstentums läßt sich grob gliedern in den Fürsten (Woiwoden) und seine Familie, eine Oberschicht: die Bojaren, schließlich die Bauern. Anders als in Ungarn und Siebenbürgen hatte sich in der Walachei ein Feudalsystem westlicher Prägung erst ansatzweise ausgebildet. Der Anteil der freien Bauern, aus denen der Fürst im Kriegsfall sein Heer rekrutierte, war vergleichsweise hoch, die Grenze zwischen ihnen und der untersten Bojarenklasse, es gab deren drei, fließend. Der Bojar überließ die Teile seines Grundbesitzes, die er nicht selbst bearbeitete, abhängigen Bauern zur Nutzung, die ihm dafür den Naturalzehnt zahlten und Hand- und Spanndienste verrichteten. Im Lauf der Entwicklung und durch fürstliche Privilegien begünstigt, baute die oberste Bojarenschicht zum Schaden der noch freien Bauern ihre Stellung immer weiter in Richtung unabhängiger Grundherrschaften mit Militär-, Gerichts- und Verwaltungsfunktionen aus. Diese Großbojaren und neben ihnen die höchsten kirchlichen Würdenträger bildeten eine Art Staatsrat, den der Fürst bei wichtigen innen- und außenpolitischen Entscheidungen hinzuziehen mußte. Die Bojaren waren auch vonnöten, wenn es um die Wahl eines neuen Fürsten ging. Da es in der Walachei keine Primogenitur gab, konnte jeder männliche Angehörige der Herrscherfamilie sich zur Wahl stellen. Sie wurde von einer großen Bojarenversammlung durchgeführt, in der ebenso wie im Staatsrat der hohe Klerus vertreten war. Der üblichen Taktik der Bojaren, die Kandidaten gegeneinander auszuspielen, um ihre eigenen Rechte und Privilegien zu vergrößern, bot dieses Verfahren mannigfaltige Möglichkeiten.

Zum Staatsrat und der großen Bojarenversammlung kamen noch andere Herrschafts- und Organisationsformen hinzu, die zum einen aus Serbien und Bulgarien, d. h. mittelbar aus Byzanz sich ableiteten, zum anderen aus Ungarn stammten, wie aus der geographischen Lage der Walachei leicht erklärlich. Wie in Ungarn gab es einen Marschall (comisul), Mundschenken (stolnic) und einen Schlüsselbewahrer (cluciare); aus der byzantinischen Kanzleisprache wiederum stammte die Bezeichnung für den Schatzmeister (vistierul - thesaurarius). Die Verwaltungsspitze bildete der vornicul, der oberste Richter. Die Beamten wurden unmittelbar vom Fürsten ernannt.

Die Stellung des Woiwoden war auch deshalb schwach, weil die Bojaren sich in der Regel auf einen Kandidaten mit geringem Landbesitz einigten. Er besaß keine ›Hausmacht‹ und war um so mehr auf die Zusammenarbeit mit den Bojaren angewiesen. Ebensowenig konnte er mißliebige Bojaren einfach absetzen. Wollte er das tun, so war er auf den gesetzmäßigen Weg beschränkt, mußte nachweisen, daß Verrat oder verweigerte Steuerzahlung vorlag. Die Prozesse hierüber zogen sich hin, und die wenigsten Fürsten konnten sich so lange an der Regierung halten.

Die rumänisch-orthodoxe Kirche war ein weiterer Machtfaktor, den Vlad Dracul zu berücksichtigen hatte. Sie war nicht so straff durchorganisiert wie die westliche, verfügte aber über bedeutende Klöster mit großem Landbesitz wie Tismana, Govora, Vodita, Cozia und Snagov. Wie überall in Europa waren die Ländereien der Kirche frei von Steuerzahlungen. Im Kriegsfall allerdings wurde dieses Privileg suspendiert. Analog zur Pflicht der Bojaren, Bewaffnete für das Heer zu stellen, leisteten die Klöster Geldzahlungen oder lieferten Naturalien. Der Sitz des einzigen Bischofs war Curtea de Arges, der alte Sitz der Woiwoden vor 1400.

Die rumänisch-orthodoxe Kirche war weitgehend eigenständig. Nominell der griechisch-orthodoxen verbunden, konnte sie zu einer ›Landeskirche‹ werden, weil die Stellung des Patriarchen von Konstantinopel mit der des Papstes nicht zu vergleichen war. Die Ostkirche stellte einen lockeren Verbund von Nationalkirchen dar, denen der Patriarch von Konstantinopel als

Bischofskirche in Curtea de Arges

Oberhaupt nur ehrenhalber präsidierte. Sein Einfluß beruhte mehr auf der kulturellen Überlegenheit der byzantinisch-christlichen Kultur im allgemeinen denn auf direkter geistlicher Machtausübung.

Die Möglichkeiten dieser Konstruktion hatten die rumänischen Fürsten schon früh erkannt. Indem sie die Zentralisierung ihrer jeweiligen Landeskirchen forcierten und durch fürstunmittelbare Klöster ein Gegengewicht zum Landbesitz der Bojaren zu schaffen suchten, beabsichtigten sie, die Kirche zur Stärkung ihrer eigenen Macht zu benutzen.

Dagegen war Sigismund mehr daran interessiert, die rumänischen Fürstentümer möglichst eng mit dem ungarischen Königreich zu verzahnen. Dazu bot sich die katholische Kirche als Mittel an. Vlad Dracul sollte ihr in der Walachei zum Durchbruch verhelfen. 1436 ernannte der Woiwode einen gewissen Gregor zum katholischen Bischof von Milcov. Damit machte er eine Absichtserklärung zur Schaffung einer katholischen Kirchenorganisation, dies war wohl eine der Bedingungen für westliche Hilfe gewesen.

Nicht wahrscheinlich ist, daß Vlad Dracul den gewünschten Aufbau einer kirchlichen Konkurrenzorganisation mit Entschiedenheit betrieb. Er hatte das Fürstentum mit Waffengewalt okkupiert und mußte nun zusehen, sich eine dauerhafte Machtbasis zu schaffen. Ein Dissens mit der rumänisch-orthodoxen Kirche wäre ihm höchst ungelegen gekommen.

Ohnehin war für theologische Dispute wenig Zeit. Die außenpolitischen Zeichen standen auf Sturm. Die Türken bereiteten eine neue Offensive vor. Kein Beg oder Pascha würde das türkische Heer diesmal kommandieren, der Sultan persönlich, Murad II., führte es an.

Die Ereignisse überstürzten sich. Im Sommer 1437 setzten starke türkische Vorausabteilungen bei Semendria über die Donau und plünderten das Gebiet um Temesvar (Timisoara), das Banat. Gleichzeitig erhoben sich die rumänischen und ungarischen Bauern Siebenbürgens; arme Sachsen, darunter auch Angehörige der städtischen Unterschichten, schlossen sich an. Es war der verzweifelte Versuch, die geraubten Freiheiten zurückzuerobern, die Leibeigenschaft aufzuheben, die Abgaben zu senken. Nach dem Hügel, auf dem sich die Bauernarmee sammelte, erhielt die Bewegung ihren Namen: der Aufstand von Bobilna.

Die Bauern wählten zunächst den Verhandlungsweg. Delegierte trugen ihre Forderungen den Adligen vor. Als Antwort befahl der Woiwode von Siebenbürgen die Hinrichtung der Abgesandten. Das bedeutete Kampf. Ende Juni kam es zur Schlacht. Das Unerwartete geschah. Die schlechtausgebildeten, ungenügend bewaffneten Bauern besiegten das Adelsaufgebot.

Aus Vlad Draculs Sicht konnte das nur bedeuten, daß seine ungarische Vasallität, die Pflicht zur gegenseitigen Hilfeleistung, keinen Groschen mehr wert war: Siebenbürgen fiel als Hilfsfaktor in der Türkenabwehr aus. Von einer hinreichenden Abwehrkraft der Ungarn konnte man angesichts der Erfolge der türkischen Vorhuten erst recht nicht ausgehen. Wie seinem Vorgänger blieb Vlad Dracul keine Wahl. Ohne Verbündete hatte es wenig Sinn, gegen die Türken zu kämpfen. Die Verwüstung der Walachei und der Verlust seines Throns wären die unausbleiblichen Folgen gewesen.

Vlad Dracul arrangierte sich. Im Spätsommer 1437 machte er mit einem prächtigen Gefolge von 300 Bojaren dem Sultan seine Aufwartung und entrichtete Tribut. Man bedeutete ihm, sich für das nächste Jahr in Bereitschaft zu halten.

Währenddessen hatte sich der Adel Siebenbürgens zu einem Abkommen mit den Aufständischen bequemt; die Bauern erhielten das Recht auf Freizügigkeit zugestanden. Sie waren nun nicht mehr an die Scholle gebunden. Außerdem setzten sie eine spürbare Verminderung der Abgaben durch. Der Adel gewann Zeit für einen Gegenschlag. Am 16. September bereits unterzeichnete er einen Bündnisvertrag mit den Szeklern und dem sächsischen Stadtpatriziat. Der Pakt, unter dem Namen »Unio Trium Nationum« bekannt, definierte die wechselseitige Abhängigkeit. Der Adel brauchte die Produktions- und Finanzkraft der deutschen Städte gegen die Bauern, diese wiederum benötigten den Adel für die Türkenabwehr:

»Daß, wenn und wofern einmal die genannten Türken diese Landesteile anzugreifen und darin einzufallen wagen sollten, und diese Teile in Bedrängnis wären, die oben erwähnten Adligen den genannten Sachsen im Sinne der gegenseitigen brüderlichen Einigung zu Hilfe zu kommen und herbeizueilen verpflichtet seien; die genannten Sachsen andrerseits gegen die Rivalen oder Feinde des Adels aber, zur Unterdrückung der Frechheit der verruchten Bauern, zu kommen und herbeizueilen gehalten seien.«[14]

Nachdem man sich der gegenseitigen Unterstützung versichert hatte, nahm man unverzüglich die Kampfhandlungen wieder auf. Die Bauern hielten sich noch vier Monate. Im Januar 1438 wurden sie geschlagen und ein grausames Strafgericht abgehalten. Den Oberschichten blieb das ungute Bewußtsein, auf einem sozialen Pulverfaß zu sitzen. Am 6. Februar 1438 erneuerten sie daher ihr Abkommen.

In der Zwischenzeit waren auch im Reich Veränderungen eingetreten. Am 9. Dezember 1437 starb zu Znaim in Mähren Sigismund, römischer Kaiser und endlich anerkannter König in Böhmen. Sein Nachfolger in Ungarn und Böhmen wurde sein Schwiegersohn Albrecht, als Albrecht II. im März 1438 auch zum deutschen König gewählt. Er galt als erfahrener Heerführer und war, nach dem Zeugnis eines tschechischen Chronisten, »gut, kühn und mitleidig, trotzdem er ein Deutscher war«[15]. Als seine vordringlichste Aufgabe begriff er den Türkenkrieg.

Seine Entscheidung, dem Sultan Tribut zu zahlen, bedauerte Vlad Dracul trotzdem nicht. Eher wurde er durch die weitere Entwicklung der deutschen und ungarischen Angelegenheiten in seiner pessimistischen Lageeinschätzung bestärkt. Während Albrecht noch um Anerkennung in seinen Königreichen bemüht war, für den Juli einen Reichstag nach Nürnberg berief und einen weiteren für den Oktober festsetzte, stand das türkische Heer schon an der Donau.

Im Mai rückte Murad II. in die Walachei ein, wo ihn Vlad Dracul, treuer Vasall der er war, mit Truppen und Proviant unterstützte. Im Juni brachen die Türken, von Vlad Dracul begleitet, durch die Karpatenpässe ins nur schwach verteidigte Siebenbürgen ein. Ein zweites türkisches Heer operierte in Serbien und bedrohte dessen Hauptstadt Semendria (Smederevo), die der Despot[16] Georg Brankovic zu einer gewaltigen Sperrfestung ausgebaut hatte.

Das stark befestigte Hermannstadt belagerten die Türken acht Tage. Die Vergeblichkeit ihrer Bemühungen einsehend, zogen sie an der Stadt vorbei nach Norden und plünderten das Land. Im Juli standen sie vor Mühlbach (Sebes).

Vlad Draculs Position war überaus heikel. Alexander Aldeas Schicksal ließ sich ablesen, was die Feindschaft der Sachsenstädte bedeutete. Zudem hatte er von ihnen Hilfe erhalten, ihre Gastfreundschaft in Anspruch genommen; schließlich lag ein Teil des walachischen Fürstentums, das Herzogtum Fagaras, in

Einfall der Türken

exponierter Lage auf siebenbürgischem Gebiet. Die Problemlösung, die Vlad Dracul wählte, nützte in ihrer Eleganz allen Seiten.

Mühlbachs Einwohnerschaft, in Friedenszeiten kaum 1500 Bewohner zählend, hatte durch Flüchtlinge stark zugenommen. Die Stadt war in schlechtem Verteidigungszustand. Murad II. befahl den sofortigen Beginn der Belagerungsarbeiten. Da intervenierte Vlad Dracul. Sein Eingreifen wurde von einem Augenzeugen, dem ›Rumeser Studenten‹ beschrieben:

»Der Herzig der Valachorum der mit dem Türcken komen war, von wegen der alten Freuntschafft, die er vormals mit den Jnwonern und Burgern dieser stat hat, Kam zu der Mauer, machet fryd, und berüfft die Burger, beredet sie, daß sie seinem rath folgeten, und mit den Türcken, deß macht sie zu schwach, unnd zu widersteen nicht genugsam waren, mit nichten strittenn, sonder sich ergeben mitt frynd. So wolt er vom Türcken zu wegen bringen, das er die Obersten der stadt onverletzt mit hab und gut biß beim yn sein Landt mit sich solt füren, und als dann freye wal und freyheit zugeben, so es yn gefiel, wider zurück anheims zu ziehen, oder bei yhm zu bleiben. Das ander volck, wolt der Türck on einich nachteil, an leib und gut mit yhm yn die Türckey füren, Allda ein land eingeben zu besetzen.«[17]

Um den Woiwoden recht zu würdigen, muß man sich vor Augen führen, was den Mühlbachern sonst geblüht hätte. Nach Kriegs-

33

brauch wurde eine im Sturm genommene Stadt den Soldaten zur Plünderung freigegeben, was üblicherweise in blutige Exzesse ausartete. Die Bevölkerung Mühlbachs, die ›Obersten der Stadt‹ ausgenommen, wurden nun zwar ins türkische Reich umgesiedelt, die Konditionen aber, unter denen dies geschah – Unversehrtheit an Leib und Gut, Möglichkeit der Rückkehr bei Nichtgefallen – unterschieden sich doch beachtlich von denen, die unser Augenzeuge auf sich zu nehmen hatte. Der nämlich gehörte zu einer Gruppe von Bürgern, die von dem Abkommen nichts wissen wollten. Sie verbarrikadierten einen Turm und verteidigten ihn einen Tag lang. Am Abend legten die Türken Feuer und »kochten und brietten uns, gleich wie prot yn einem ofen«. Die wenigen Überlebenden, darunter der Student, wanderten in Ketten geschmiedet auf den Sklavenmarkt von Adrianopel (Edirne). Das Entgegenkommen des Sultans mag von der Erkenntnis nicht unbeeinflußt geblieben sein, daß Mühlbach als Gerberstadt einen guten Ruf genoß. Die dort hergestellten Lederwaren wurden bis Prag und Wien vertrieben. Solch gute Handwerker konnte man im türkischen Reich immer brauchen.

Nach der Zerstörung Mühlbachs zogen sich die Türken, mit reicher Beute beladen und 70 000 Menschen verschleppend, über die Donau zurück. Vlad Dracul hingegen beeilte sich, seine Gefangenen alsbald freizulassen; wie einer Urkunde König Albrechts zu entnehmen ist, erreichten sie Anfang 1439 wieder ihre Heimat.

Die Walachei erhielt eine Atempause. 1439 verschob sich der Kriegsschauplatz nach Serbien. Georg Brankovic floh ins noch sichere Ungarn. Drei Monate später kapitulierte Semendria. Albrecht, der ein Entsatzheer zu organisieren versuchte, stieß auf wenig Begeisterung. Unter den eilig zusammengezogenen Truppen brachen Seuchen aus. Der größte Teil des Heeres löste sich auf. Im allgemeinen Auseinanderfall gab es jedoch einen Lichtblick, eine kleine Schar, die sich tapfer geschlagen hatte. Ihr Anführer war Johann Hunyadi. Er ist uns bereits auf dem Nürnberger Reichstag begegnet.

Hunyadi hatte die vergangenen Jahre gut genutzt. Im Herbst 1431 begleitete er Sigismund nach Italien und lernte dort das ›moderne‹ Kriegswesen kennen, das nicht mehr auf Adelsaufgebote zurückgriff, sondern auf Söldner aufbaute. In Mailand machte er mit dem berühmten Condottiere Francesco Sforza Bekanntschaft. Nach Sigismunds Kaiserkrönung ging er mit ihm nach Böhmen und bewies auch hier Kühnheit und Umsicht. Vor allem machte er sich mit der Kampftechnik der Hussiten vertraut. Insbesondere die von ihnen entwickelte taktische Finesse, die Wagenburg als ruhendes Zentrum der Feldschlacht einzusetzen, beeindruckte ihn. Später baute er diesen Gedanken in seine Kriegsführung ein. Albrecht hatte den bewährten Kriegsmann gern in seinen Diensten behalten und ihn im Frühjahr 1439 mit dem Schutz eines Teils der ungarisch-türkischen Grenze beauftragt. Hunyadi löste diese Aufgabe gut. Sein Verhalten vor Semendria erhöhte sein Prestige wiederum gewaltig. Am 27. September ernannte ihn der König zum Banus (Grafen) von Severin, der südöstlichsten und bedrohtesten ungarischen Grenzmark; das bedeuteten den Aufstieg in den Hochadel. Hunyadi war erst dreißig Jahre alt.

Albrecht II., an der Ruhr erkrankt, begab sich nach Wien, um sich auszukurieren; auf dem Weg dorthin erlag er der Krankheit.

Die daraufhin ausbrechenden Unruhen zeigten, daß der Sultan in den Parteikämpfen des ungarischen Adels mittelbar einen guten Verbündeten hatte.

Albrechts Witwe, Elisabeth, reklamierte die Kronen von Ungarn und Böhmen für ihr Kind, das sie erwartete. Selbstredend bildete sich sofort eine Adelspartei, die sie in ihren Ansprüchen unterstützte. Der Nachfolger Albrechts als deutscher König, Friedrich III. von Habsburg, wurde als Vormund des potentiellen Erben bestimmt.

Eine andere Adelspartei, an deren Spitze bald Johann Hunyadi trat, propagierte den fünfzehnjährigen polnischen König Wladislaw. Ihre Argumente wogen schwer. Ungarn hatte in den letzten zehn Jahren sein gesamtes Vorfeld eingebüßt. Bosnien und die Walachei zahlten dem Sultan Tribut, Serbien war in türkischer Hand. Allein die Festung Belgrad hinderte noch den Feind, ins Kernland des Reichs einzubrechen. Kein europäisches Heer hatte die Türken bisher zu besiegen vermocht. Mehr als das Kleinkind, dessen Vormund man nichts Rechtes zutraute, empfahl sich der junge Polenkönig.

Polen galt als Großmacht. Seit der Personalunion mit Litauen reichte es von der Oder bis zum Dnjepr, umfaßte neben seinem eigentlichen Zentrum beiderseits der Weichsel die Ukraine und weite Teile des späteren russischen Reiches mit den Städten Kursk, Smolensk, Poltawa. Es hatte keinen Zugang zur Ostsee, wohl aber einen zum Schwarzen Meer: das rumänische Fürstentum der Moldau war sein Vasall. Mit Ungarn vereint mußte diese ungeheure Ländermasse den Türken furchtbar werden. Wladislaw begriff es so. Sein Berater, Zbigniew Olesnicki, Bischof von Krakau, Humanist und frommer Christ, bestärkte ihn. Ungarn und Polen zusammen würden die Türken aus Europa verjagen, Konstantinopel befreien und die griechisch-orthodoxe Kirche zum Katholizismus bekehren.

Neben solch fernen Zielen war die Tagespolitik zu besorgen. Ein mühsam ausgehandelter Kompromiß, der die Heirat der 16 Jahre älteren Elisabeth mit Wladislaw und Anerkennung des Nachgeborenen als böhmischer König vorsah, zerschlug sich. Elisabeth spielte daraufhin va banque: Für ihren im Februar 1440 geborenen Sohn Ladislaus Posthumus wollte sie die gesamte Albrechtsche Herrschaft. Am 15. Mai ließ sie ihn krönen; die dazu nötige Stephanskrone[18] hatte sie rechtzeitig beiseitegeschafft. Am 17. Juli nahm auch Wladislaw die Krone an; er mußte sich allerdings mit einem Ersatzdiadem begnügen.

Im Sommer 1440 standen schließlich drei Heere auf ungarischem Boden. Die Anhänger Elisabeths kämpften gegen die polnisch-ungarischen Truppen Wladislaws, während zur gleichen Zeit Murad II. in Südungarn einfiel und Belgrad einschloß. Damit parallel erfolgten die gewohnten Plünderungszüge durch Siebenbürgen, gleichzeitig erreichten türkische Streifscharen die Adria.

Die lokale Verteidigung in Südungarn brach zusammen. Die türkischen Reiterschwärme ergossen sich ungehindert über das flache Land, brannten Dörfer nieder, plünderten und suchten nach menschlicher Beute. Belgrad hielt sich nur mühsam:

»Murad stellte Arbeiter an, von außen Minen anzulegen, unter der Erde zu graben und Gänge zu schaffen, durch die man in die Festung eindringen könne. Er ließ also graben, und so hätten sie Belgrad genommen, wenn nicht ein Christ die Verteidiger gewarnt hätte mittels eines Briefes an einem Pfeile. Als Herr Vranas (der Kommandant, Anm. d. Verf.) das erfuhr, trieb er von drinnen eine Gegenmine vor, fand unter der Erde die Mine der Türken und entzündete das Pulver. Es heißt, daß in eben dieser Mine mehr als 17 000 Türken verbrannten...«[19]

Das umliegende Land verlor ein Drittel seiner Bewohner. Die Türken erbeuteten so viele Gefangene, daß »man ein schönes Mädchen für ein paar Stiefel kaufen konnte«[20].

Verglich man das Chaos in Südungarn mit dem Zustand der

Walachei, konnte sich das Fürstentum glücklich schätzen. Da jedoch die Walachei mehr und mehr zum Aufmarschgebiet der türkischen Heere verkam, schwand der außenpolitische Spielraum Vlad Draculs immer mehr dahin. Je unfähiger sich das ungarische Königreich zur Abwehr der Türken zeigte, desto mehr mußte Vlad Dracul mit ihnen zusammenarbeiten. Berücksichtigte man die beiden Hauptaxiome seiner Politik, die Erhaltung der Unabhängigkeit der Walachei und seine Herrschaft, war Vlad Dracul mit dem schwachen Ungarn besser gefahren. Die außerordentlichen militärischen Erfolge der Türken konnte er nicht sonderlich schätzen: Wußte er, ob der Sultan nicht vielleicht beabsichtigte, die Walachei unter Verlust ihrer autonomen politischen Struktur als Provinz dem türkischen Gesamtstaat vollständig einzugliedern, wie es Bulgarien widerfahren war und nun offensichtlich mit Serbien geschah? Vlad Dracul baute nicht auf den Sultan, sowenig Murad II. dem walachischen Fürsten Vertrauen entgegenbrachte.

Um der Treue Vlad Draculs sicher zu sein, bat sich Murad zwei seiner Söhne als Geiseln aus. Der Fürst sandte ihm Vlad Draculea und seinen um fünf Jahre jüngeren dritten Sohn Radu. Den ältesten, Mircea, behielt er bei sich.

Den ungarischen Adelskrieg mit höchstem Interesse zu verfolgen, hatte Vlad Dracul also gute Gründe. Die Partei Wladislaws setzte sich durch. Hunyadi, dem das in erster Linie zu verdanken war, wurde zum Woiwoden von Siebenbürgen und Generalkapitän von Belgrad ernannt. Sein Auftrag war, die Türkenabwehr zu reorganisieren, um so die Voraussetzungen für eine Gegenoffensive zu schaffen. Im September 1441 schlug er einen türkischen Angriff auf Belgrad erfolgreich zurück. Die Türken erlitten empfindliche Verluste.

Vlad Dracul hatte einen überaus rührigen Nachbarn erhalten. Es konnte nicht schaden, für den Fall des Falles vorsichtige Kontakte mit ihm zu pflegen. Im November 1441 soll Hunyadi mit Vlad Dracul in Tirgoviste zusammengetroffen sein. Hunyadi versuchte anscheinend, den walachischen Woiwoden zu einer betont antitürkischen Politik zu überreden. Vlad Dracul taktierte abwartend. Die Stärke der türkischen Heeresmacht kannte er zur Genüge. Wie eh und je kontrollierten sie die Übergänge auf beiden Seiten der Donau. Stand ihnen danach der Sinn, konnten ihre Reiter in fünf bis sechs Tagen in Tirgoviste sein. Es kam hinzu, daß er auf seine Söhne Rücksicht zu nehmen hatte. Was von Hunyadi zu halten war, mußte die Zukunft zeigen; Vlad Dracul legte sich nicht fest.

Im Frühjahr 1442 brach der Beg von Vidin, Mezid, mit 16 000 Mann überraschend in Siebenbürgen ein. Hunyadi, der in der kurzen Zeit kein großes Aufgebot organisieren konnte, wurde geschlagen, stellte aber, indem er auch Bauern in seine Mannschaft aufnahm, innerhalb von vier Tagen eine neue Truppe auf, mit der er die Türken besiegte. Ihr Befehlshaber fiel in der Schlacht. Die Ungarn erbeuteten das ganze türkische Lager.

Vlad Dracul geriet in schweren Verdacht, das Unternehmen Mezid Begs zumindest toleriert zu haben. Denn wie war der so schnell nach Siebenbürgen gekommen? Wie auch immer es ihm gelang, Hunyadi seinen politischen Schwenk plausibel zu machen: Als die türkische Strafexpedition im August desselben Jahres heranrückte, finden wir Vlad Dracul auf ungarischer Seite – es heißt allerdings, daß ihm Hunyadi nicht über den Weg traute.

Diesmal war die Walachei selbst Kriegsschauplatz. Murad II. hatte es endgültig satt. Seinem Feldherrn Sechabeddin erteilte er Anweisung, die Walachei und Siebenbürgen ein für allemal zu erobern. Das Heer, das man zu diesem Zweck zusammenzog, war gut ausgerüstet und zählte etwa 40 000 Kämpfer. Sechabeddin ging gründlich vor. Bevor man sich Siebenbürgen und Hunyadi widmete, galt es, die Walachei als Operationsbasis militärisch zu sichern. Dabei unterlief ihm ein entscheidender Fehler. Er detachierte seine gesamte Reiterei und einen Großteil seines Heeres zur Verwüstung des Landes und blieb selbst mit den übrigen Truppen in einem verschanzten Lager zurück. Das gab Hunyadi die Chance, mit einer kleinen Streitmacht von nur 10 000 – 15 000 Mann, die er in den Bergen versteckt hatte, das türkische Lager zu überrumpeln. Es wurde ein überwältigender Erfolg. Sechabeddin entkam nur knapp. Die Ungarn erbeuteten 200 Fahnen und die Kriegskasse. 5000 Türken gerieten in Gefangenschaft. Der Sieg in dieser Schlacht vom 6. September 1442 festigte Hunyadis Ruf als außerordentlich fähiger Heerführer. Ebenso markierte er eine Wende in Vlad Draculs Politik. Er setzte nunmehr, was blieb ihm auch anderes übrig, auf die ungarische Karte. Ob die etwas taugte, würde sich bald zeigen.

Der Freund des Abendlandes (1442–1444)

Vlad Dracul Verbündeter der Ungarn. Johann Hunyadi und die ungarische Balkanpolitik. Der lange Feldzug. Im Land der Skipetaren: Georg Kastriota alias Skenderbeg und der albanische Widerstand. Die Pleite von Warna oder trau' keinem Venezianer.

Nach den Erfolgen der Ungarn in der Walachei und vor Belgrad konnte die Donaugrenze als einstweilen gesichert gelten. Hunyadi machte sich allerdings keinerlei Illusionen. Die erfochtenen Siege waren bedeutungslos, gab man sich mit einer reinen Defensivstrategie zufrieden. Die Fähigkeiten der Türken zu einem die ungarischen Grenzlande zermürbenden Dauerkrieg waren keinesfalls gebrochen, sowenig die Niederlage Sechabeddins ihre sonstigen kriegerischen Aktivitäten lähmte. Zu bedenken war ferner, daß die Zeit für die Türken arbeitete. Ihr Reich hatte in den letzten zehn Jahren bedeutende territoriale Zugewinne erzielt; gelang es ihnen, diese zu konsolidieren, war die Machtfrage auf dem Balkan zu ihren Gunsten entschieden.

Ähnlich sah es der Kardinal Giuliano Cesarini, der päpstliche Gesandte am ungarischen Hof. 1439 hatte das von beiden christlichen Kirchen besuchte Konzil von Florenz ein Dekret erarbeitet, das eine Kirchenvereinigung[21] vorsah. Die Byzantiner hatten dieser De-facto-Unterwerfung unter das Primat der römisch-katholischen Kirche nur zugestimmt, weil sie sich davon politische und militärische Hilfe erhofften. Das Versprechen sollte nun eingelöst werden. Cesarini stellte einen Kreuzzug in Aussicht. Er war sicher, ganz Europa gegen die Türken mobilisieren zu können. Am 1. Januar 1443 erließ Papst Eugen IV. den entsprechenden Aufruf.

Um Hunyadis Strategie der nächsten Jahre nachzuvollziehen, muß man eine großzügigere, nicht nur auf den Donauraum konzentrierte Perspektive zu Grunde legen.

Bei aller Geschlossenheit und Schlagkraft hatte das türkische Reich zwei Aufgaben bisher nicht bewältigt. Die eine war die Eroberung Konstantinopels, der Hauptstadt des byzantinischen Reiches, das um 1440 wenig mehr als eben diese Stadt, den Peloponnes und einige Inseln in der Ägäis umfaßte. Diese Reste des

Europa um 1450

einst großmächtigen oströmischen Reiches hatten keinen politischen Spielraum mehr. Die Stadt war im türkischen Griff, vom Hoheitsgebiet des Sultans vollständig umgeben. Allein der Seeweg blieb noch offen. Per Schiff wurden in Krisenzeiten, wenn die türkisch-byzantinischen Beziehungen sich verschlechterten und mit einer Belagerung zu rechnen war, Hilfsgüter und -truppen herantransportiert. Das war möglich, weil die Türken nicht über eine Flotte verfügten. Sehr zur Freude der miteinander konkurrierenden Seestädte Venedig und Genua, die in diesem Gebiet einen Großteil ihres Handels abwickelten, hatten sie diese zweite Aufgabe noch nicht in Angriff genommen.

Die Venezianer galten damals als die führende Seemacht des östlichen Mittelmeers. Ihre Handelsrouten deckten sie mit befestigten Häfen, Garnisonen, Stützpunkten. Sie kontrollierten die dalmatinische Küste, die Städte Cattoro (Kotor) und Durazzo (Durres), die Ionischen Inseln, Kreta, die Kykladen und Euböa. Besitzungen in Südgriechenland rundeten ihr Kolonialreich ab.

Die Genuesen, die ihre schwächere Position durch größere diplomatische Geschmeidigkeit wettzumachen suchten, waren dem Zugriff der Türken direkter ausgesetzt. Ihre Besitzungen lagen entweder in unmittelbarster Nachbarschaft der kleinasiatischen Küste – Lesbos, Samos, Chios – oder sogar in Kleinasien selbst – Phokaia, Amasra, Samsun. Den Genuesen war es um den Schwarzmeerhandel zu tun. Sie besaßen Niederlassungen auf der Krim und am Asowschen Meer. Akkerman (Belgorod-Dnjestrowskij) an der Dnjestr-Mündung war ihr Stützpunkt für den Handel mit den rumänischen Fürstentümern. Beiden Seestädten hatte der byzantinische Kaiser eigene Viertel in Konstantinopel eingeräumt.

Neben Genua und Venedig, das man im 15. Jahrhundert schon deshalb als Großmacht bezeichnen kann, weil seine Einkünfte mühelos diejenigen Frankreichs oder Spaniens erreichten, existierte noch eine Vielzahl kleinerer Mächte, allesamt zu unbedeutend, um als Bündnispartner eine Rolle zu spielen. Zwischen der Adriaküste und den Türken gab es unabhängige albanische Kleinfürsten, untereinander in ewige Fehden verstrickt, einmal die Türken hofierend, ein andermal sich gegen sie wendend. In Athen saß ein Florentiner, Nerio II. Acciaiuoli, und regierte als Herzog Attica und Böotien. Auf Rhodos und einigen umliegenden Inseln hatte sich seit 1303 der Ritterorden der Johanniter niedergelassen und beschäftigte sich mit der Plünderung des kleinasiatischen Festlands sowie der Seepiraterie. Ganz im Osten war ein letzter Stützpunkt aus den Zeiten der Kreuzfahrerstaaten verblieben: das Königreich Zypern unter dem französischen Geschlecht der Lusignan.

Boten diese Trümmerstücke christlich-byzantinischer Macht nicht die Gewähr eines aktiven Eingreifens, so war ihr wertvoller Stützpunktcharakter doch nicht zu unterschätzen. Mit Konstantinopel besaß die Christenheit eine festungsmäßig ausgebaute Stadt im Zentrum des türkischen Reiches. Seit Sigismund war es Credo der ungarischen Balkanpolitik, daß, wollte man die Türken aus Europa vertreiben, es genüge, mit einem christlichen Heer nach Konstantinopel durchzustoßen. Hatte man erst einmal die Stadt erreicht, würde es den venezianischen und genuesischen Flotten dank des gesicherten Seewegs nicht schwerfallen, Nachschub herbeizuschaffen und die Meerengen zu sperren.

Es war aber keine Zeit zu verlieren. Mit jedem ungenutzten Jahr verstärkte sich der türkische Druck. Zwar hieß es, Murad II. habe gar kein Interesse an der Eroberung Konstantinopels, dennoch wußte man von einer starken Partei am Sultanshof, die nicht müde wurde, immer aufs Neue zu betonen, daß der Fortbestand eines christlichen Kontantinopel geradezu den Versuch herausforderte, mit der Befreiung der Stadt die Zerschlagung des europäischen Türkenreiches zu verbinden.

Hunyadi konnte schließlich noch mit den Türkenfürsten Ostanatoliens rechnen, deren Interessenlage mit der Ungarns so harmonierte, daß es konkreter Bündnisse nicht bedurfte. Diesen unabhängigen Fürstentümern drohte mehr und mehr die Gefahr, dem Herrschaftsbereich des Sultans einverleibt zu werden. Würde der geplante Feldzug nur halbwegs erfolgreich verlaufen, durfte mit entsprechender Unruhe an der türkischen Ostgrenze gerechnet werden. Insbesondere das Fürstentum Karaman unter seinem Herrscher Ibrahim-Beg war als erbitterter Feind der Osmanen[22] bekannt.

Die Zeit drängte auch aus innenpolitischen Gründen. Die Türken waren nicht so einfach als Barbaren abzuqualifizieren, wie Enea Silvio Piccolomini, der spätere Papst Pius II., es unterstellte:

»Das Volk, das unserem Glauben feindlich ist, wird... nichts Heiliges und Reines übriglassen. Es wird die edlen Kirchen entweder zerstören oder gewiß entweihen... Das sind ganz wilde Menschen, Feinde der Gesittung und Bildung... Das Volk ist mitten aus der Barbarei der Skythen aufgebrochen

Johann Hunyadi

und saß nach Ansicht eines Reiseschriftstellers früher jenseits des Schwarzen Meeres und der transkaukasischen Berge am Nordmeer. Das Volk ist
ehrlos und unbekannt, in allen Arten von Unzucht und Hurerei erfahren, es
verehrt Bordelle und frißt alles Greuliche; Wein, Getreide und Salz kennt es
nicht...«[23]

Es ging um Bosnien. Das Königreich war in seinen östlichen Teilen von den Türken besetzt. Im größeren Rest pflegte König
Tvartko gute Beziehungen zu Ungarn, Venedig und der freien
Stadt Ragusa. Der Handel mit Silbererz und Sklaven blühte.
Beide Produkte lieferte Bosnien selbst. Der Silberbergbau war
monopolisiert und in ausländischer Hand, an der Jagd auf Sklaven partizipierten dagegen neben den Kaufleuten der Küsten-
städte einheimische Adlige, sowie gelegentlich durchreisende
ungarische ›Kreuzfahrer‹. Vorzugsweise versklavte man junge
Frauen zwischen zehn und 30 Jahren. Es wurde aber auch ein
schwunghafter Kinderhandel getrieben. Die Sklaven stammten
ausnahmslos aus der Bauernschaft. Das ›Menschenfleischge-
schäft‹ war rechtens, weil die katholische Kirche den Sklaven-

handel mit Häretikern erlaubte. Die bosnischen Bauern, die größtenteils der ›Ketzer‹-Sekte der Bogumilen[24] angehörten, waren somit vogelfrei. Wer kein Bogumile war, wurde als solcher beschuldigt, Vorwände zur Versklavung fanden sich leicht. Unter diesen Umständen war es wenig verwunderlich, daß sich eine türkenfreundliche Stimmung im Lande breit machte; auf türkischer Seite war zumindest die Religionsfreiheit gesichert, mochte die zugesagte Aufhebung der Leibeigenschaft auch ausbleiben.

Bosnien war als Operationsbasis von entscheidender Bedeutung. War es in türkischer Hand, konnte man Ungarn in der Flanke fassen, es von der Adria abschneiden, gegen Venedig ziehen, bis nach Österreich vorbrechen.

Hunyadi begriff diese Einkreisungstechnik. Mit Abwarten ließ sich nichts erreichen. Sein Offensivprinzip formulierte er sieben Jahre später in einem Brief an Papst Nikolaus V.:

»Bisher haben wir nur zur Verteidigung unserer Grenzen gekämpft; jetzt daheim bleiben und die Waffen ruhen lassen, hieße, den Feind in das Innere des Landes einzuladen.«[25]

Das von König Wladislaw, eigentlich aber von Johann Hunyadi geführte Kreuzheer brach im Juli von Buda auf. Cesarini hatte sein Versprechen nicht halten können. Kein europäischer Staat ließ sich für den Türkenkrieg begeistern. Friedrich III. hatte ebenfalls abgewinkt. Er trug kein Verlangen, das ungarisch-polnische Reich in den Grenzen zu sehen, die der optimistische Cesarini beschwor:

»...daß sie das Reich und seine Grenzen nicht allein schützen sollten, sondern es bis zum Hellespont und zur Ägäis ausdehnten.«[26]

So fanden sich nur wenige Kreuzfahrer aus Mittel- und Westeuropa ein. Die Hauptmasse des Heeres bildeten somit die ungarischen und polnischen Aufgebote. Hilfstruppen aus den Vasallenländern Bosnien und der Walachei stießen hinzu. Georg Brankovic, der sich wieder in den Besitz Serbiens setzen wollte, stellte serbische Kontingente in Aussicht. Hunyadi modernisierte das Heer durch Anwerbung tschechischer Söldner, die ihre in den Hussitenkriegen erprobten Kampfwagen, 600 an der Zahl, mitbrachten.

Daß Vlad Dracul nicht persönlich erschien und Hunyadi nur ein kleines Truppenkorps von 3000–4000 Mann zu Hilfe sandte, erklärt sich aus dem behutsamen Kurs, den einzuschlagen er für richtig hielt. Erlitt der Kreuzzug eine Niederlage, würden ihm die Türken unweigerlich auf den Hals kommen. Zum anderen bedachte er wiederum das Schicksal seiner Söhne. Bisher hatte man ihnen, trotz seines politischen Schwenks, kein Haar gekrümmt. Unversehrt lebten sie, genaue Ortsangaben fehlten, in Emed, Nymphaion oder Adrianopel, wo man sie in türkische Sprache und Sitte einwies und sie mit der Waffentechnik vertraut machte.

Das christliche Heer, 35 000 Mann stark, überschritt erst Mitte Oktober die Donau. Bewußt ließ sich Hunyadi auf einen völlig unüblichen Winterfeldzug ein. Ebenso unkonventionell verfuhr er mit den türkischen Sperrfestungen Semendria und Vidin, an denen er einfach vorbeimarschierte. In mehreren Gefechten schlug er die örtlichen türkischen Befehlshaber. Ende Oktober war er bereits in Nisch, wo ihn der Statthalter der europäischen Reichsteile des Osmanenreiches, Kassim, mit einem Heer erwartete. Am 3. November war Kassim geschlagen, 2000 Türken tot und 4000 gefangen. Enea Silvio schrieb hoffnungsvoll:

»...es besteht die Hoffnung, daß dieser Sieg in diesen Gebieten große Veränderungen zuungunsten der Türken mit sich bringen wird und viele abfallen werden, die ihnen noch jetzt gehorchen.«[27]

Anfang Dezember erreichte das christliche Heer Sofia. Hunyadi war fest entschlossen, nach Adrianopel, der Hauptstadt des europäischen Osmanenreiches, vorzustoßen. Die Pässe jedoch, die in die thrazische Tiefebene führten, waren von den Türken besetzt. Erschwerend wirkten sich die rauhen Witterungsbedingungen, Schneestürme und die große Kälte aus. Durch Begießen mit Wasser hatten die Türken die Straße durchs Trajanstor unpassierbar gemacht. Hunyadi versuchte daher, weiter nördlich durchs Topolnizatal durchzubrechen. Hier leitete Murad II. persönlich die Verteidigung. Es gelang Hunyadi nicht, die türkischen Stellungen einzudrücken, sowenig den Türken ein erfolgreicher Gegenangriff glückte. Da aber Krankheiten im Heer ausbrachen und die Lebensmittel knapp wurden, befahl der ungarische Feldherr den Rückzug. Türkische Versuche, ihn auf dem Rückmarsch zu behindern, scheiterten unter großen Verlusten.

Am 2. Februar 1444 trafen Hunyadi und Wladislaw wieder in Buda ein. Gesandte aus ganz Europa erwarteten sie und sprachen ihre Glückwünsche aus. Man bemühte sich, Wladislaw zu einer Fortsetzung des Feldzugs zu überreden. Für diesen Fall stellte man Hilfsgelder und Truppen in Aussicht. Insbesondere erboten sich der Papst, die Venezianer und die Genuesen, eine Flotte auszurüsten, deren Aufgabe es sein sollte, im Kriegsfall die Verbindung zwischen den europäischen und asiatischen Teilen des Osmanenreiches wirksam zu unterbrechen.

Während das ungarische Heer nach seinem Sieg bei Nisch nach Sofia vorrückte, flüchtete aus Adrianopel ein Muslim namens Iskender-Beg. Dieser Mann, der einmal Georg Kastriota geheißen hatte und christlich getauft war, sollte den Türken für 25 Jahre zum Problem und Vlad Draculea zum Verbündeten werden. Wäre es denkbar, daß sie einander kannten? Kastriota war 40, Vlad Draculea zwölf Jahre alt. Einiges spricht dafür, daß sich der jüngere den älteren zum Vorbild nahm. Kastriota war ebenfalls als Geisel an den Hof des Sultans gekommen. Sein Vater, ein albanischer Kleinfürst, hatte sich, um seine Herrschaft zu retten, dazu verstehen müssen. In türkischen Diensten hatte Kastriota Karriere gemacht. Er trat zum Islam über, erhielt ein Lehen, ein militärisches Kommando und den Namen Iskender-Beg (umgangssprachlich Skenderbeg, d. h. Fürst Alexander).

Die Schlacht im Topolnizatal

Als aber 1442, nach dem Tod seines Vaters, dessen Fürstentum nicht ihm zugesprochen wurde, sondern in türkische Lehen parzelliert werden sollte, kühlte sich sein Verhältnis zu Murad, der ihn im übrigen gut leiden mochte, erheblich ab.

Kastriota floh nicht allein, 300 Albaner begleiteten ihn. Ende November langte er vor Kruja, dem türkischen Stützpunkt in Albanien, an, wies eine gefälschte Befehlshaberurkunde vor und wurde eingelassen. Die Besatzung war rasch überwältigt. Kastriota legte seinen türkischen Namen ab, bekannte sich als Christ und rief zum Aufstand gegen die Türkenherrschaft. Binnen eines Jahres organisierte er den Verteidigungskampf. Die Kleinfürsten akzeptierten seine Oberherrschaft, und es gelang ihm, ein 10- bis 20 000 Mann starkes Heer zu bilden.

»Als das Sultan Murad erfuhr, sandte er ihm einen Boten, daß er zu ihm zurückkehren solle, und er werde ihm noch höhere Ehren verleihen. Er aber sandte ihm die Antwort: ›Solange ich Georg bin und du Murad, komme ich nicht zu dir; wenn aber auch du ein Georg wirst wie ich (d. h. zum Christentum übertrittst, Anm. d. Verf.), dann will ich kommen und dir zu Diensten stehen!‹ Wie Sultan Murad das hörte, schimpfte er heftig auf ihn...«[28]

Reichten diese Truppen für die offene Feldschlacht nicht aus, so waren sie doch zum Guerillakampf in den Schluchten und Bergen Albaniens vortrefflich geeignet.

»Die Gebirge der Balkanhalbinsel – besonders die westlich gelegenen und vor allen Dingen der Schar Dagh – sind meist von gewaltigen, tief zerklüfteten Felsenmassen gebildet. Senkrechte Wände von mehreren hundert, ja über tausend Fuß Höhe sind da gar keine Seltenheit. Zwischen diesen eng beieinander stehenden Mauern tritt das Gefühl äußerster Hilflosigkeit an den Fremden heran. Es ist, als ob die schweren Massen über ihm zusammenbrechen wollten. Es kommt der Gedanke, wieder umzukehren, um dem Verderben zu entgehen, und unwillkürlich treibt man die Pferde zu größerer Schnelligkeit an, um dem niederdrückenden Bewußtsein menschlicher Ohnmächtigkeit zu entgehen und die Gefahr hinter sich zu legen.

Bei diesem abwehrenden Aufbau des Hochlandes ist es sehr erklärlich, daß die Bewohner desselben den fremden Eroberern gegenüber stets mehr oder weniger ihre Unabhängigkeit bewahrten. Diese finsteren, drohenden, kalten Schluchten und Gründe sind natürlich von großem Einfluß auf den Charakter und die physische Beschaffenheit der Bevölkerung gewesen. Der Skipetar (einheimischer Name der Albaner, Anm. d. Verf.) ist gegen Fremde ebenso ernst, abgeschlossen und feindselig wie sein Land. Seine sehnige, kraftvoll elastische Gestalt, sein ernstes Gesicht mit den granitnen, unerbittlichen Zügen, sein kalt blickendes und abweisend drohendes Auge stimmt ganz mit der Beschaffenheit der von ihm bewohnten Berge überein. Sein Inneres zeigt wenig helle, freundliche Punkte; es ist von tiefen Spalten und Rissen durchzogen, in deren Gründen die Wasser des Hasses, der Rache und des unversöhnlichen Zornes schäumen. Selbst untereinander sind diese Leute argwöhnisch und mißtrauisch. Die Stämme schließen sich voneinander ab, die einzelnen Familien und Personen ebenso. Doch dem Eindringling gegenüber scharen sie sich zusammen, wie ihre aneinander stehenden Felsen, welche dem Reisenden nur an seltenen Stellen einen schmalen, mühsamen Durchgang gewähren.«[29]

Der Zusammenhalt gegenüber dem äußeren Feind bewährte sich im Juni 1444. Kastriota schlug eine türkische Okkupationsarmee und dehnte seine Herrschaft über ganz Albanien aus, gleichzeitig knüpfte er Kontakte zu Wladislaw und bot ihm seine Hilfe für einen etwaigen Türkenkrieg an.

Der König und sein Feldherr Hunyadi konferierten über diese Frage gerade mit den westlichen Mächten und dem ungarisch-polnischen Adel. Der lange Feldzug hatte bewiesen, daß man die Türken schlagen konnte. Andererseits waren die eigentlichen Kriegsziele nicht erreicht und das christliche Heer stark in Mitleidenschaft gezogen worden. Sowohl der polnische als auch der ungarische Adel lehnten eine Fortführung des Krieges entschieden ab. Der ungarische war ohnehin nicht verpflichtet, bei einem Krieg, der nicht auf dem Territorium des Königreiches geführt wurde, zu den Waffen zu greifen. Dem König stand es frei, die Türken zu bekriegen, verbrieftes Recht des Adels aber war es, sich daran nicht beteiligen zu müssen. Der eigentliche Grund war freilich, daß dem Adel an einem Machtzuwachs des ›Emporkömmlings‹ Hunyadi und der königlichen Gewalt nicht im mindesten gelegen war. Die Rechnung, die den Adel die ungarisch-polnische Union hatte begrüßen lassen, war aufgegangen: Die Türken waren geschwächt, die unmittelbare Bedrohung beseitigt. Das genügte vollauf. Ein weiterer Türkenkrieg, wenn ihn der König unter diesen Umständen tatsächlich führen wollte, war Wladislaws Privatsache.

Im Sommer 1444 bot sich folgende Situation: Neben den Vasallenländern Bosnien, Serbien, der Walachei und der Moldau, mit denen Unterstützungsverträge bestanden, hatten nur der Papst, die Venezianer und der Herzog von Burgund eine mäßige Aufrüstungspolitik zur Schaffung der dringend notwendigen Blockadeflotte eingeleitet. Dazu kamen die Albaner Kastriotas als neue Verbündete. Hunyadi erklärte sich bereit, auf eigene Kosten Söldner anzuwerben, und rekrutierte aus seiner Woiwodschaft Siebenbürgen weitere Truppen. Dennoch sprach er sich gegen eine Fortführung des Kampfes aus. Seiner Meinung nach würden diese Kräfte nicht ausreichen, um die Türken zu schlagen.

Gleichzeitig unterbreitete der Sultan einen großzügigen Friedensvorschlag. Er bot die Räumung Bosniens und Serbiens an, anerkannte die Oberherrschaft Ungarns in der Walachei und offerierte darüber hinaus noch die Zahlung einer Kriegsentschädigung von 100 000 Gulden. Der Vertrag, der zehn Jahre gelten sollte, war sehr günstig. Der lange Feldzug hatte die Türken aus den Vasallenländern ja nicht vertreiben können. Die serbischen Festungen waren nach wie vor in türkischer Hand, ebenso die befestigten Donauübergänge im Gebiet der Walachei.

Murad II. hatte gute Gründe. Der christliche Feldzug mochte nicht allzuviele konkrete Ergebnisse erzielt haben, sein psychologisches Auftriebsmoment für alle Feinde des Osmanenreiches durfte man jedoch nicht unterschätzen. Im Osten war Ibrahim-Beg von Karaman in die anatolischen Provinzen des Sultans einmarschiert, im Westen mußte man gegen die Albaner vorgehen. Selbst die Byzantiner versuchten, die neue Lage auszunutzen, vergrößerten ihre Besitzungen in Griechenland auf Kosten türkischer Verbündeter und bauten die berühmte Sperrmauer auf dem Isthmos von Korinth, das Hexamilion, aufs sorgfältigste aus. Murad brauchte zumindest an der ungarischen Front Ruhe, um mit diesen Bedrohungen fertig zu werden.

Johann Hunyadi empfängt türkische Gesandte

Ende Juli trafen die türkischen Gesandten am Hofe Wladislaws ein. Der Reichstag und Hunyadi empfahlen eine Annahme der Friedensvorschläge. Am 1. August unterzeichnete Wladislaw den Vertrag. Die Türken begannen wie vereinbart mit der Räumung Serbiens, während der Sultan die Meerengen überschritt, um zunächst Ibrahim-Beg niederzukämpfen.

Am 4. August, nachdem ihn Cesarini aufs heftigste bearbeitet und ihn auf seine allgemeine, der gesamten Christenheit verpflichtete Aufgabe als Streiter Christi dringlichst hingewiesen hatte, entschloß sich Wladislaw zum Bruch des Friedensvertrags und verkündete, daß er noch im selben Jahre gegen die Türken ziehen werde.

»Als der Despot Durde (d. i. Georg Brankovic, Anm. d. Verf.) diese Botschaft vernahm, wurde er sehr traurig und entsandte seinen Freund Dimitrij Krajkovic, einen trefflichen Herrn, zum König mit den Worten: ›Gnädiger Herr, ich habe mich auf dein erstes Wort verlassen, das du mir kürzlich hinterlassen hast, nämlich, daß du ohne meinen Rat nichts gegen die Türken unternehmen wollest. Ich weiß nicht, welchem Rat du jetzt folgst, daß du dessen nicht mehr achten willst und dich so plötzlich ohne Not gegen die Türken rüstest. Und daher wisse, daß ich keineswegs imstande bin zu rüsten, denn du weißt recht wohl, daß ich ein verwüstetes Land übernommen habe. Ich muß einige Städte wiederaufbauen und mit Lebensmitteln versorgen. Ich bitte dich daher, daß du diesen Krieg bis zur Zeit der Beendigung des Friedensvertrags aufschiebst...‹«[30]

Der Despot von Serbien war nicht der einzige, der abriet. Bis zuletzt hatte Hunyadi versucht, den König zur Einhaltung des Abkommens zu bewegen. Cesarini, dem man eine glänzende Rednergabe nachsagt, und die päpstlichen Interessen trugen den Sieg davon. Der Kardinal verwies auf die augenblickliche Schwäche der Türken und auf die Stärke der päpstlich-venezianischen Flotte. Blockierte diese die Meerengen, würde das in Anatolien gegen Ibrahim-Beg kämpfende türkische Heer nicht zum Entsatz nach Europa eilen können. Um den halbwegs überzeugten 19jährigen auch von Gewissensnot zu entlasten, löste er feierlich den Eid, den Waldislaw dem Sultan auf die Bibel geleistet hatte, nach der beliebten Formel, daß Verträge mit Ungläubigen sowieso null und nichtig seien.

Die Rhetorik Cesarinis überzeugte den König, sie verfing beim Adel nicht. Das Heer, das sich Anfang September bei Orsova sammelte, zählte knapp 10 000 Mann. Georg Brankovic weigerte sich, am Krieg teilzunehmen. Er hatte keine Lust, das mühsam wiedergewonnene Serbien aufs Spiel zu setzen, und war so neutral, daß er Kastriota, der Wladislaw mit 3000 Reitern unterstützen wollte, den Durchzug verbot.

Das Heer des Königs zog donauabwärts. Vor Nicopolis sollte es sich mit den aus Siebenbürgen heranrückenden Truppen Hunyadis und dem walachischen Aufgebot Vlad Draculs vereinigen. Mitte Oktober traf es dort ein. Wladislaw hatte nicht verhindern können, daß es auf dem Marsch zu übleren Ausschreitungen als gewöhnlich kam. Die Begeisterung der Bevölkerung für die christlichen Kämpfer hielt sich auch deshalb in Grenzen, weil Cesarini systematisch die ›schismatischen‹ orthodoxen Kirchen plündern und zerstören ließ. Daß man in diesen Landstrichen darüber hinaus noch andere Ketzereien vermutete, belegt die im gleichen Jahr erfolgte Ernennung eines ›Inquisitor haereticae‹, der nicht nur für Bosnien, wo das Übel ja offen zutage trat, zuständig war, sondern auch für die Moldau und die Walachei.

Hunyadi war mit 5000 Mann vor Nicopolis erschienen. Sein Marsch durch die Walachei hatte ebenfalls zu Klagen geführt. Vlad Draculs Laune hob das nicht.

Der Woiwode hatte gleichfalls 5000 Bewaffnete aufgeboten und erschien persönlich im Feldlager. Er nahm am Kriegsrat teil, in dem festgelegt wurde, daß im Gegensatz zum letzten Jahr das Heer an der Schwarzmeerküste entlang vorstoßen sollte. So konnte man in Koordination mit der christlichen Flotte vorgehen, sich von ihr versorgen oder transportieren lassen. Damit hatte sich Cesarinis Strategie durchgesetzt.

An dergleichen mochte Vlad Dracul gar nicht denken. Im Kriegsrat opponierte er heftig gegen die Fortsetzung des Feldzugs. Dem Fürsten der Walachei konnte man Kompetenz nicht absprechen. Jetzt erklärte er klipp und klar, daß die zusammengebrachten 20 000 Mann nicht ausreichten, »indem der türkische Kaiser auf der Jagd schon mehrere Leute um sich habe«[31]. Die etwas zynische Bemerkung provozierte Hunyadi, der Vlad Dracul Verrat vorwarf und ihm unterstellte, mit den Türken zusammenzuarbeiten. Als Antwort auf diese persönliche Beleidigung griff Vlad Dracul zum Dolch. Mühsam trennte man die Gegner, und der Fürst der Walachei ward zu einer Geldbuße verurteilt. Die kleine Episode hatte Folgen. Vlad Dracul verzichtete auf eine persönliche Teilnahme am Feldzug; statt seiner übernahm sein Sohn Mircea das Kommando über das walachische Aufge-

Das türkische Heer auf dem Weg nach Warna

bot. Das Heer rückte weiter vor und erreichte bei Warna die Küste des Schwarzen Meeres.

Die im strategischen Konzept als unverzichtbar erachtete christliche Flotte dümpelte derweil vor den Dardanellen und konnte sich zu einem aktiven Eingreifen nicht recht entschließen. Zum einen war sie nicht so groß, wie sie hätte sein müssen, um die ganze Meeresstraße zu kontrollieren, sie zählte nämlich nur 19 Schiffe. Zum anderen hatte Venedig seit Mitte September unter der Hand darauf hingearbeitet, mit dem Sultan ins Reine zu kommen. Der Einsatzwille des venezianischen Befehlshabers war dementsprechend ein gedämpfter.

Der in Eilmärschen aus Anatolien heranziehende, gut informierte Murad wandte sich daher zum Bosporus, wo ihn genuesische Schiffe erwarteten, um seine Truppen gegen ein gehöriges Entgelt – Enea Silvio spricht von einem Dukaten pro Mann – nach Europa überzusetzen. Die Genuesen hatten keine Wahl. Aus den von ihnen gepachteten Alaunminen[32] im türkischen Machtbereich flossen ihnen bedeutende Einkünfte zu, die sie nicht aufs Spiel setzen wollten.

Murad überquerte die Meerenge ohne Schwierigkeit und vereinigte sich mit seinen europäischen Truppen. Die unerwartete Schnelligkeit seines Erscheinens ausnutzend, umging er das nach Süden marschierende christliche Heer und tauchte plötzlich in dessen Rücken auf. Damit verhinderte er einen Rückzug nach Norden und erzwang die Schlacht. Sein Heer war drei- bis viermal größer als das christliche.

Der Sultan sah in der Schlacht ein Gottesgericht. Als sich am 9. November 1444 die Heere kampfbereit gegenüberstanden, war inmitten der türkischen Scharen der auf eine Lanze gespießte zerrissene Friedensvertrag zu erblicken.

Dem fähigen Hunyadi wäre es beinahe gelungen, die Schlacht von Warna, so ihr Name in der Geschichte, für die Christen zu entscheiden. Jedoch ein taktischer Fehler Wladislaws, der, um den Ruhm des Tages für sich zu gewinnen, mit einer klassischen Ritterattacke das türkische Zentrum überreiten wollte, machte alles zunichte. Der König fiel. Sein abgeschlagener Kopf wurde auf eine Lanze gesteckt und triumphierend emporgehoben. Im christlichen Heer brach eine Panik aus. Hunyadis Versuche, den Kampf fortzusetzen, scheiterten.

Die Verluste waren auf beiden Seiten hoch. Die türkischen betrugen das Doppelte der christlichen. Viele Anführer, darunter auch Cesarini, wurden erschlagen. Das christliche Heer floh in vollständiger Auflösung der Donau zu.

Die Notwendigkeit, diese vermeidbare Niederlage, verursacht durch Treubruch, Fehleinschätzungen und falschen Ehrgeiz, je-

Venezianische Galeere

mandem anzulasten, führte die sonst verfeindeten ungarischen und polnischen Chronisten zusammen. In den von Mircea befehligten Rumänen sahen sie die wahren Übeltäter. Als der Kampf noch unentschieden tobte, hätten sie, so der Vorwurf, ihren Posten verlassen, um das türkische Lager zu plündern.

Dem war nicht so. Das türkische Lager konnte nicht geplündert werden, weil man es nicht eroberte. Prinz Mircea hatte nur folgendes getan: Er hatte auf einen sinnlosen Heldentod verzichtet und sich darauf beschränkt, sich selbst und seine Truppe relativ unbeschädigt in die Walachei zu retten. Daß ihm das glückte, spricht für den 17jährigen, nicht gegen ihn.

Exkurs:
Militär und Gesellschaft im 15. Jahrhundert

Das Osmanenreich: seine Organisation, seine Schlagkraft,
effiziente Innenpolitik. Unterschiede in der feudalen Krieg-
führung. Ungarn. Der Kleinkrieg an den Grenzen.

Die Fähigkeit des osmanischen Reiches und seiner Heeresorganisation, gerade in Krisenzeiten Bedrohungen wirksam zu begegnen, basierte auf einer Organisationsstruktur, die der des
westlichen Feudalismus entschieden überlegen war.

Das Reich gliederte sich in die zwei Reichsteile Rumelien, die
europäischen Besitzungen, und Anatolien, die asiatischen, denen jeweils ein Statthalter (Beglerbeg) vorstand. Diesen unter-
geordnet waren die Bannerherren (Sandschakbegs), von denen
es in Anatolien 20, in Rumelien 28 gab. Sie fungierten als Pro-
vinzgouverneure, waren die Führer der Truppen ihres Bezirks
(Sandschak), hatten polizeiliche Aufgaben und sorgten für
pünktliche Steuereinziehung. Die Sandschaks zerfielen in eine
bestimmte Zahl von Groß- und Kleinlehen (siamet und timar). Je
nach Umfang seines Lehens mußte der Lehnsherr, Sipahi, im
Kriegsfall eine bestimmte Zahl gepanzerter Reiter stellen. In
Anatolien gab es 5500 solcher Lehen, die insgesamt 37500 Berit-
tene aufbieten konnten, in Rumelien 4500 mit 22500 Reitern (die
Lehen in Rumelien waren durchweg kleiner).

Die Sipahis waren zur Heeresfolge verpflichtet. Kamen sie
nicht, wenn der Sultan sie aufforderte, gingen sie ihrer Lehen
verlustig. Ein weiterer Grund zur Deklassierung konnte die ver-
säumte Beibringung staatlicher Abgaben, insbesondere der
Grundsteuer sein. Verkauf oder Verschenkung des Lehens war
den Sipahis nicht gestattet, ebensowenig konnten ihre Nach-
kommen auf ein Erbrecht insistieren. Lehen wurden auf Grund
von Leistungen verliehen, adlige Geburt stellte per se keinen
Rechtsanspruch auf Besitz dar. Selbst die Söhne von Großle-
hensbesitzern bekamen zunächst ein kleines Lehen, um ihre
Qualifikation unter Beweis zu stellen. Bauern, so sie tapfer
kämpften, wurden in diesen Dienstadel aufgenommen.

Die Motivation der Sipahis, ihren Kriegsverpflichtungen ge-
wissenhaft nachzukommen, wurde durch die relativ beschei-

dene Ausstattung der Lehensgüter verstärkt. Der durchschnittliche Lehensträger verfügte über das zwei- bis dreifache Einkommen eines florierenden Bauernhofes, mußte davon aber seine Ausgaben für Pferd, Waffen und Rüstung bestreiten. Der Krieg bot ihm deshalb die doppelte Chance eines materiellen Zugewinns durch Beutemachen sowie auf etwaige Verbesserung seiner sozialen Position im Sinne einer Vergrößerung seines Lehens.

Der Einfluß der eigentlichen türkischen Feudalaristokratie, der Besitzer der Großlehen (mülk), nahm seit der Machtergreifung Mehmeds II. (1451) stetig ab. Dies war ein vom Sultan gewollter und forcierter Prozeß. Stattdessen begünstigte er christliche Renegaten, die am Hof und im Heer ein Gegengewicht zu den Ansprüchen des Hochadels bildeten. Die Grundlagen für diesen Versuch, die Zentralgewalt des Sultans ein für allemal zu etablieren, datieren aus den Zeiten Bajesids I. (1389–1402) und Murads II. (1421–1451). Mehmed baute sie konsequent aus.

Das System der Knabenlese (dewschirme) hatte Murad II. 1438 eingeführt. Alle fünf Jahre wurden in den europäischen Landesteilen die christlichen Knaben zwischen 10 und 15 Jahren den türkischen Auswahlbeamten vorgeführt. Aus ihnen wurden die Diensttauglichen, je nach Bedarf 2- bis 12 000, bestimmt und an den Sultanshof verbracht. Stand und Herkunft spielten dabei keine Rolle. Was mit ihnen geschah, läßt sich am zutreffendsten als totales Integrationsprogramm beschreiben. Jedwede Verbindung zu ihren Familien war strengstens verboten, man erzog sie in türkischer Sprache, Religion und Kultur. Je nach Eignung traten sie entweder in den Palastdienst ein, wo ihnen alle Hofämter bis zum Großwesir, dem Stellvertreter des Sultans, offenstanden[33], oder man reihte sie in die Janitscharen ein, eine Truppe, die unter Murad II. knapp 3000 Mann gezählt hatte, jetzt aber von seinem Sohn Mehmed rasch auf 10 000 Mann vergrößert wurde.

Jeni tscheri heißt Neue Truppe. Neu war es, daß der Sultan in ihnen eine Eliteeinheit zur unmittelbaren Verfügung besaß, die er jederzeit gegen innen- wie außenpolitische Gegner einsetzen konnte und die nur ihm verpflichtet war. Sie waren zunächst die Leibgarde des Sultans mit eigenem Oberst (Agha), Palast und Kanzlei und sämtlich hochbezahlt und waren doch mehr: der Grundstock eines stehenden Heeres.

Was die christlichen Königreiche verzweifelt zu schaffen sich

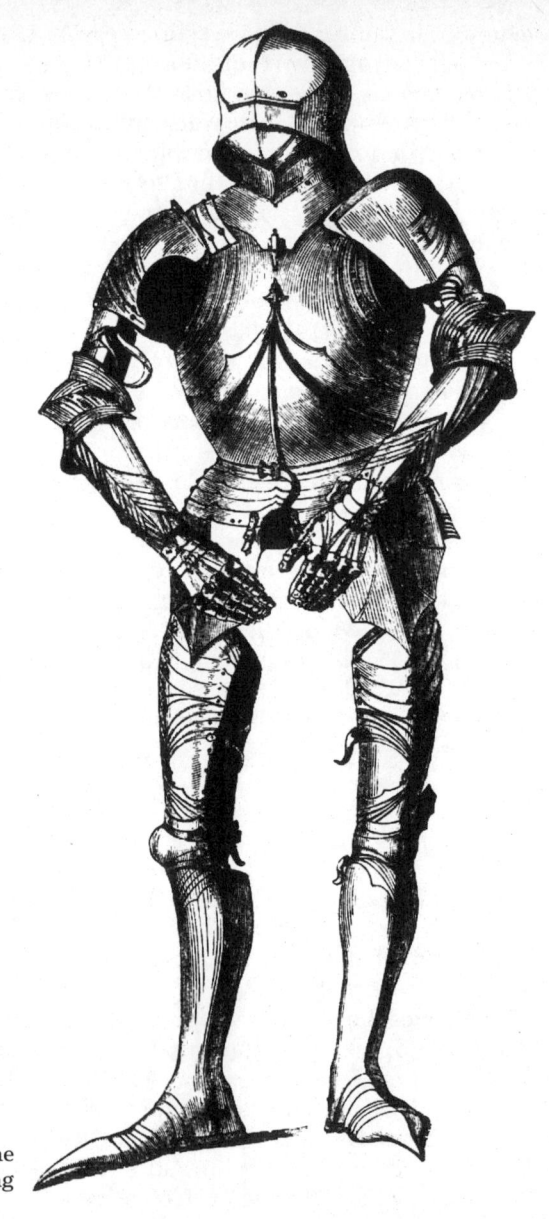

Spätmittelalterliche
Rüstung

bemühten, eine Zentralgewalt, deren militärische Stütze nicht nach feudalen Gesichtspunkten, nicht nach dem Vasallitätsprinzip organisiert sein konnte, war bei den Osmanen bereits aufgebaut. In den hochdisziplinierten, sich als Krieger Allahs fühlenden Janitscharen, denen Heiraten nicht gestattet war, die ohne Erlaubnis keine Nacht außerhalb ihrer Kasernen zubringen durften, die keinerlei Bindungen zu Menschen außerhalb ihrer Kampfgemeinschaft besaßen, verfügte der Sultan über das Mittel, seinen Anspruch auf absulute Macht gegenüber der Aristokratie durchzusetzen.

Die türkischen Sultane hatten aber nicht nur verstanden, die Janitscharentruppe nach und nach zu einem unverzichtbaren militärischen Faktor auszubauen (davon gleich mehr), sie waren auch in der Lage, sie regelmäßig zu besolden. Mit dieser Leistung des türkischen Staats konnte kein christlicher Staat konkurrieren, schon gar nicht der Hauptgegner der Türken auf dem Balkan, Ungarn.

Das effiziente türkische Steuersystem sicherte der Staatskasse Einnahmen von ca. 2 Millionen Dukaten jährlich. Die Haupteinnahmequellen waren die Kopfsteuer, die alle Nichtmoslems zu entrichten hatten, die Verpachtung von Krongütern, Bergwerken, Hafenzöllen und Staatsmonopolen, der Zehnte für Lasttiere, Getreide und Reis sowie die Tribute der Vasallenländer. An Ausgaben für die Hofhaltung des Sultans mußten ca. 800 000 Dukaten aufgewandt werden. Damit standen 60 % des Staatshaushalts für Kriegszwecke zur Verfügung.

Daß die Einnahmen regelmäßig einliefen, verbürgte die strikte Einhaltung des Landfriedens in allen Provinzen. Die Türken garantierten den Bauern und Händlern sichere Produktionsbedingungen und ungefährdeten Handel. Handelshemmnisse wurden beseitigt, die Zölle niedrig angesetzt. So entstand ein zusammenhängender Wirtschaftskörper, dessen Produktivität nicht wie im Westen durch Rechtsunsicherheit und Raubüberfälle litt [34].

Eine vergleichsweise liberale Innenpolitik, die als Hauptmerkmal eine hohe Integrationsfähigkeit aufwies, begünstigte die Konsolidierung des Staates.

Im Gegensatz zu den christlichen spanischen Königreichen etwa, die zur selben Zeit die Rückeroberung Spaniens (Reconquista) betrieben und dabei eine rigorose Ausrottungspolitik gegenüber bekehrungsunwilligen Mauren, Juden und Ketzern praktizierten, zeigte sich der türkische Staat im religiösen Bereich tolerant. Niemand wurde gezwungen, zum Islam überzutreten. Die griechisch-orthodoxe wie die armenische Kirche erhielten das Recht auf Selbstverwaltung und wählten ihre Patriarchen unbeeinflußt. Besonders tolerant begegneten die Osmanen den Juden. Im türkischen Reich genossen sie freie Verfügungsgewalt über ihr Eigentum, durften sich niederlassen, wo sie wollten, und brauchten keine besonderen Kleidungsstücke wie den im christlichen Abendland vielfach vorgeschriebenen Judenhut zu tragen. Wenig verwunderlich, daß diese günstigen Konditionen zahlreiche Juden veranlaßten, den europäischen Ghettos und Pogromen zu entfliehen und ins Osmanenreich auszuwandern. Insbesondere strömten Juden aus Deutschland, Italien und Spanien ins Land, was sich vor allem im Handelsleben positiv auswirkte.

Daß eine solche Religionspolitik Vorteile aufwies, liegt auf der Hand, wie schon das Beispiel der Bogumilen (vgl. S. 45) zeigt. Allerdings waren Christen, Juden und andere religiöse Gemeinschaften den Moslems in einem wesentlichen Punkte nicht gleichgestellt. Als Zeichen ihrer Unterwerfung waren sie zur Zahlung einer Kopfsteuer verpflichtet, der 9. Sure des Koran gemäß, deren 29. Vers also lautet:

»Bekämpft diejenigen der Schriftbesitzer, welche nicht an Allah und den Jüngsten Tag glauben und die das nicht verbieten, was Allah und sein Gesandter verboten haben, und sich nicht zur wahren Religion bekennen, so lange, bis sie ihren Tribut in Demut entrichten und sich unterwerfen.«[35]

Die Kopfsteuer garantierte dem Sultan eine jährliche Einnahme von 800000 Dukaten. Sein Interesse, möglichst viele Nichtmoslems zum Übertritt zum Islam zu bewegen, war deswegen nicht besonders ausgeprägt. Wer jedoch als Nichttürke in der Hierarchie am Hofe oder im Heer aufsteigen wollte, mußte sich der türkischen Kultur assimilieren und Moslem werden. Zumindest im 15. Jahrhundert war aber auch das noch lange kein Dogma. Auf der Ebene des Dienstadels, der Sipahi, gab es auch christliche Lehensträger. Geschickt nutzten die Türken die Gegensätze zwischen Hoch- und Kleinadel in den christlichen Balkanstaaten aus. Während man die Besitzungen des Hochadels parzellierte und als Lehen an türkische Sipahis vergab, ließ man den niederen Adel weiterbestehen, belehnte ihn aber mit neuen Besitzungen, zu denen er keine soziale und historische Bindung hatte und deren strategischer Wert für die Landesverteidigung gering war.

Pointiert: Was das Osmanenreich den christlichen Mächten überlegen machte, war die frühzeitige Ausbildung einer starken Zentralgewalt, die damit verbundene drastische Einschränkung der Macht der alten türkischen Aristokratie, schließlich der erfolgreiche Aufbau einer soliden Infrastruktur (Steuersystem, Verwaltung, stehendes Heer). Dies alles zusammengenommen erklärt die überragende militärische Schlagkraft der Türken.

Die christlichen Balkanstaaten und schließlich auch Ungarn brachen vor allem aus drei Gründen zusammen: Zum einen konnten die Türken durchschnittlich doppelt soviele Kämpfer aufbieten wie die christlichen Heere, waren zum zweiten jedes Jahr dazu fähig und entwickelten zum dritten moderne Waffengattungen: die Janitschareninfanterie und die Artillerie. Eine auf Qualitätsprodukte spezialisierte Rüstungsindustrie kam hinzu.

Die Janitscharen waren als antifeudale Truppe konzipiert worden. Sie mußten demnach der adligen Panzerreiterei gewachsen, wenn nicht überlegen sein. Es waren Bogenschützen zu Fuß, die gleichzeitig mit der türkischen Traditionswaffe, dem Säbel, ausgezeichnet umzugehen wußten. Ihre Kampfweise war defensiv. Tiefgestaffelt bildeten sie als Zentrum des türkischen

Ritterkampf des 13. Jahrhunderts

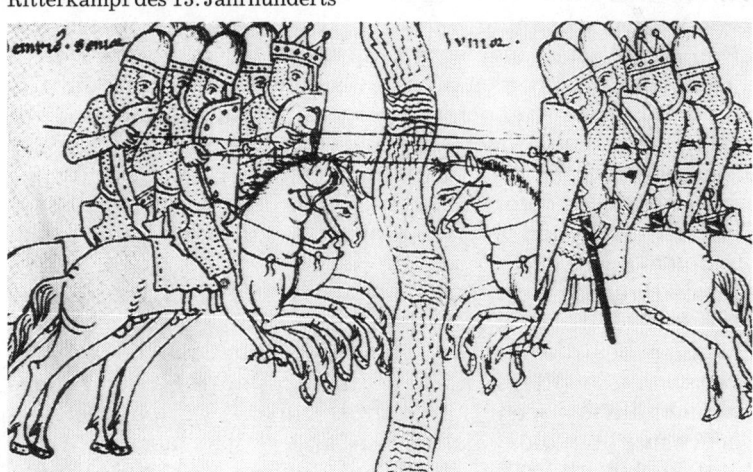

Heeres eine geschlossene Front, deren Undurchdringlichkeit sie dadurch verstärkten, daß sie das Vorgelände befestigten. Je nach der Beschaffenheit ihrer Stellung legten sie Gräben oder leichte Verschanzungen (Palisaden) an. Erfolgte ein Ritterangriff, überschütteten sie die Attackierenden mit einem Pfeilhagel (ein türkischer Meisterschütze verschoß 20–25 Pfeile pro Minute) und wehrten, was übrigblieb, an ihren Verschanzungen ab.

Die Janitscharen bildeten gleichsam das Rückgrat der links und rechts von ihnen aufgestellten Hauptkraft des türkischen Heers, der leichtgepanzerten Sipahi-Reiterei, die zur Offensive bestimmt war bzw. beim Zurückfluten der in Unordnung geratenen feindlichen Ritter zum meist vernichtenden Gegenstoß ansetzte.

Insgesamt zeichnete sich das türkische Heer durch einheitliche straffe Führung, ferner durch seine Fähigkeit aus, taktische Körper zu bilden. Nicht nur die Janitscharen, sondern auch die Sipahis waren in der Lage, komplizierte Bewegungen auf dem Gefechtsfeld auszuführen und bei Umgruppierungen nicht den Zusammenhalt zu verlieren.

Dagegen erwiesen sich die christlichen Ritterheere als grundsätzlich unfähig, gegen die Janitscharenphalanx ein probates Mittel zu ersinnen. Ebensowenig gelangten die Kreuzzugsheere, die ja aus den unterschiedlichsten nationalen Kontingenten sich zusammensetzten, über das Stadium taktischen Improvisierens hinaus. Das Rittertum beruhte auf qualifizierten Einzelkämpfern. Die Entscheidung in der Schlacht suchte man in geschlossener Attacke mit eingelegter Lanze, wobei man die gegnerische Front zu durchbrechen trachtete; danach löste sich die Gefechtsordnung mehr oder weniger in Einzelkämpfe auf. Im Falle der Janitscharen jedoch war ein Durchbrechen der Front so nicht möglich. Die Kette christlicher Niederlagen ist die deprimierende Geschichte des untauglichen Versuchs, disziplinierten Infanterieeinheiten mit überholten Angriffstechniken beizukommen.

Dabei wurden die Ritter oft noch die Opfer der eigenen Ehrbegriffe. 1396, bei Nicopolis, hatten die erfahrenen ungarischen Befehlshaber die französischen Kreuzritter eindringlich beschworen, die Offensivkraft der Ritterattacke für die Hauptschlacht aufzusparen. Die Franzosen aber erklärten ihrem ritterlichen Ehrenkodex getreu, sie hätten nicht tausend Meilen zurückgelegt und zahllose Schätze geopfert, nur um ins Hintertreffen gestellt zu werden. Die Ungarn, unterstellten sie, wollten ihnen die Ehre des ersten Angriffs nehmen. Die Ritter attackierten, vermochten die Janitscharen aber nicht zu überreiten. Wer dem Pfeilhagel nicht erlag, spießte sich auf die Palisaden. Die Niederlage war vollständig.

Hunyadi dagegen hatte begriffen, daß zu Fuß kämpfende Truppen, wenn man sie sorgfältig ausbildete und bewaffnete, eine hohe Kampfkraft besaßen. Die Ritterheere versagten nicht nur im Türkenkampf. Hunyadi hatte vor Ort studiert, wie die Hussiten die adligen Aufgebote aus dem Feld schlugen.

Wie die Türken hatten die Hussiten die Aufgabe lösen müssen, mit der Offensivkraft der Ritterheere fertig zu werden. Das Ergebnis war eine noch stärkere Betonung der Defensive – die Wagenburg in Kombination mit einem Gevierthaufen. Erstere diente als ruhendes Zentrum und als Schießflügel, da sie mit Armbrustschützen und leichten Geschützen bestückt war; der Gevierthaufen, ein Fußvolk-Karree, dessen äußere Glieder mit Spießen bewaffnet waren, diente als Stoßflügel. Griffen die Rit-

Die neue und die alte Kampfweise

ter die Wagenburg an, wobei ihre Formation natürlich in Unordnung geriet, so fiel ihnen der Gevierthaufen in die Flanke. Diese Zangenbewegung fiel im türkischen Heer noch vernichtender aus. Auf die von den Janitscharen aufgehaltenen Ritter drehten beide Sipahi-Flügel ein. Außerdem erfolgte der Schwenk noch rascher, da die Sipahis beritten waren.

Wollte Hunyadi die Türken schlagen, brauchte er eine Truppenformation mit hohem Defensivcharakter, die der ungarischen Adelsreiterei ebenso als Haltelinie diente wie den Sipahis die Janitscharen. Es durften nicht irgendwelche rasch angeworbenen Fußknechte sein, sondern disziplinierte, geübte Berufskrieger. Ungarn verfügte sowenig wie Polen über brauchbare Fußtruppen. Unter den ungarischen hochfeudalen Bedingungen, die der königlichen Macht enge Schranken setzten, war an die Heranbildung solcher Truppen nicht zu denken. Aus der Misere bot sich ein Ausweg: die Anwerbung derer, die ihre Widerstandskraft gegen Ritterheere unter Beweis gestellt hatten. Das war der Grund, weshalb Hunyadi seit 1443 tschechische Kampfwagen in das Adelsheer integrierte.

Daß die Schlacht von Warna trotzdem verloren ging, spricht nicht gegen diese Idee. Bei den Türken war alles vorhanden. Eine eindeutige Kommandogewalt, eine kampfstarke Elitetruppe mit hoher Moral, genügend übrige Truppen. Der Feldherr des ungarisch-polnischen Reiches war demgegenüber in schlechterer Position. Seine Befehlsgewalt mußte er teilen, statt Streitern für den Glauben verfügte er über Söldner, seine Truppenzahl insge-

samt war nicht ausreichend. Wirklich verhängnisvoll aber wurde ihm und dem Heer (vgl. S. 54) jener Ehrenkodex, der schon 1396 nicht erlaubt hatte, Ritter als Kampfreserve einzusetzen[36].

Gab es eine Lehre aus diesen Niederlagen, dann nur die: Das stagnierende ungarische Feudalsystem war der Dynamik des türkischen nicht gewachsen.

Deutlich wurde das beim Aufbau der Artillerie, in die Mehmed wegen des hohen Steueraufkommens Unsummen investieren konnte. Das technische Wissen kaufte er im Westen ein. Vornehmlich deutsche und siebenbürgische Geschützgießer traten für Gehälter, die kein christlicher Staat ihnen zahlte, in seine Dienste und bauten innerhalb von fünf bis zehn Jahren einen Geschützpark auf, der im Westen nicht seinesgleichen hatte.

Auch die türkischen Traditionswaffen, Säbel und Bogen, konnten mit den westlichen ohne weiteres konkurrieren. Besonders der Bogen, dessen Herstellung aus Holz, Horn, Sehne und Fischleim ein volles Jahr dauerte, dafür aber eine Lebensdauer von 100 Jahren erreichte, war von hoher Qualität. Die türkischen Reflexbogen waren den einfachen europäischen Bogen sowohl an Schußkraft (800 Meter, gezielte Schüsse 300-350 Meter) als auch an Stabilität überlegen. Die türkischen Bogenschützen waren darauf trainiert, sie in jeder Gefechtslage zu benutzen. Ob sie auf galoppierendem Pferd oder beim Rückzug sogar über die Schulter hinweg ihre Pfeile versandten, minderte ihre Trefferquote nicht wesentlich. Dazu schossen sie im Salventakt[37].

Wagenburg;
rechts der mit Spießen
bewaffnete Gevierthaufen

Geschütze

Außerordentlich funktionsgerecht war das türkische Panzerhemd. Leichter als der europäische Harnisch, was die Beweglichkeit der Sipahi-Reiterei erhöhte, konnte man es bequem zusammenfassen und ohne Hilfe an- und ausziehen. Zudem ließ es sich verstellen, paßte sich also dem jeweiligen Träger an. Das ermöglichte es, die Produktion zu normieren und die Herstellungszeit zu beschleunigen.

Angesichts dieser organisatorisch-technischen Machtkonzentration sahen die Zukunftsperspektiven des ungarischen Königreichs nicht rosig aus.

Der Adel in Ungarn besaß das Waffenmonopol. Neben seinen Aufgeboten waren, so die Krone über Geld verfügte, nur Soldtruppen denkbar. Eine Verstärkung der adligen Verbände aus anderen Bevölkerungsklassen, insbesondere aus der Bauernschaft, stieß auf den entschiedenen Widerstand des Adels. Die

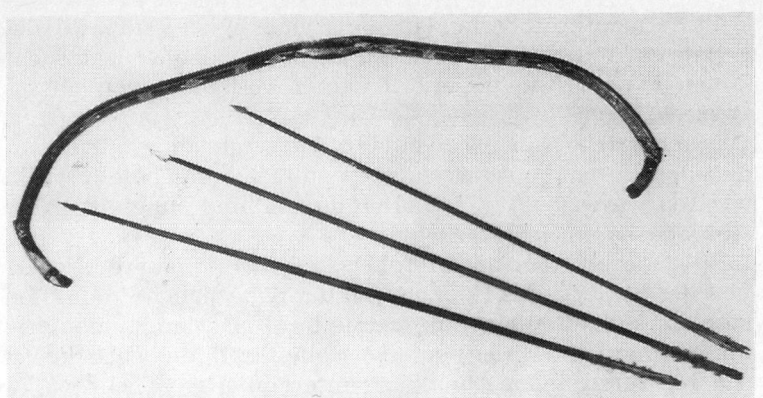

Türkischer Reflexbogen und Pfeile

Grundlage hätten freie Bauern sein müssen, eben die hatte der Adel (vgl. den Bobilna-Aufstand, S. 30 f.) erfolgreich liquidiert. Sollte er die potentiell aufständischen Leibeigenen bewaffnen? Die Unmöglichkeit, aus dieser Situation des Zweifrontenkriegs, des sozialen nach innen, des Abwehrkampfs nach außen, einen gangbaren Ausweg zu finden, mußte die Verteidigungskraft entscheidend vermindern.

Obwohl im Osmanenreich die türkischen Bauern im Lauf der Entwicklung ebenfalls einem schleichenden Feudalisierungsprozeß unterworfen wurden, so versuchte der Adel beispielsweise die Schollengebundenheit durchzusetzen, waren sie immer noch an der allgemeinen Zugewinngemeinschaft, Krieg genannt, beteiligt und bildeten im Heer zwei wichtige Formationen.

1. Die Asaben, irreguläres Fußvolk, die auch als Schanzarbeiter oder Ruderer eingesetzt wurden. Sie rekrutierten sich genauso wie die Akindschis, die ›Renner und Brenner‹, aus den weniger begüterten Schichten.

2. Die Akindschis, irreguläre Kavallerie, die zu Streif- und Beutezügen eingesetzt wurde. Sie waren das letzte Überbleibsel der alten Steppenreiterei. In fünf Grenzmarken unter eigenen Kommandeuren organisiert, dem Ideal des Heiligen Krieges und ihrem Beutel verpflichtet, führten sie einen beständigen »Kleinen Krieg« gegen die benachbarten christlichen Staaten. Sie wurden nicht bezahlt, dafür gehörte ihnen alle Kriegsbeute bis auf ein Fünftel, das an den Sultan abzuführen war.

Ihre Kampfkraft bestand in ihrer Schnelligkeit und in der Penetranz, mit der sie die christlichen Grenzländer heimsuchten. Je nach Anlaß operierten sie in Verbänden von 500 bis 20 000 Mann.

Das ungarische Königreich besaß keine vergleichbare Truppengattung. Bevor die schwerfälligen adligen Aufgebote ins Feld rückten, waren die Akindschis mit ihrem Plünderungsgut in ihre Ausgangsbasen zurückgekehrt.

So sehr die Türken in den eroberten Territorien für die Sicherheit der Straßen, des Handels und der bäuerlichen Produktion sorgten, so konsequent führten sie im ›Kriegsland‹ einen zermürbenden Dauerkrieg, der die Kampfkraft der christlichen Staaten durch stetige Abnutzung unterminierte.

Draculs letzte Tage (1444–1447)

Zusammenbruch der christlichen Abwehrpolitik. Hunyadi von
Vlad Dracul gefangen gesetzt. Strafexpedition und Tod.

Nach der verlorenen Schlacht von Warna floh Hunyadi mit geringer Begleitung in die Walachei. Vlad Dracul ließ ihn sofort
festnehmen, was nur eine parteiische Geschichtsschreibung
übelnehmerisch-einfach als Verrat interpretiert. Die Interessen
Ungarns waren mit den seinen nicht deckungsgleich. Der Fürst
demonstrierte die Kunst der politischen Geste. Mit der Verhaf-
tung Hunyadis signalisierte er bloß, daß er verstanden hatte, was
Warna bedeutete: Die Türken, das stand fest, würden in Europa
bleiben, unklar war dagegen die innenpolitische Entwicklung
des ungarischen Königreichs. Mit dem Tod Wladislaws löste sich
die ungarisch-polnische Union auf; wer Ungarn künftig als König regieren sollte, war offen. Der Woiwode der Walachei erklärte durch seine Handlungsweise seine Bereitschaft, der jeweils stärkeren Macht bis auf weiteres ein treuer Verbündeter
sein zu wollen, ansonsten mochte man ihn und sein Fürstentum
gefälligst in Frieden lassen.

Der Sultan zeigte sich uninteressiert. Nach seinem Sieg
schwenkte er nach Süden ab und unterwarf in einem Blitzfeld-
zug die byzantinischen Gebiete auf dem Peloponnes. Statt seiner
erschien eine ungarische Gesandtschaft in der Walachei, die mit
starken Worten und Drohungen die Freilassung Hunyadis forderte. Damit hatte Vlad Dracul, was er wollte: eine eindeutige
machtpolitische Willenserklärung. Persönlich begleitete er den
ungarischen Feldherrn bis auf siebenbürgisches Gebiet und
überreichte ihm beim Abschied, nichts für ungut, ausgesucht
kostbare Geschenke.

Als im Sommer 1445 wenigstens der burgundische Teil der
»Blockadeflotte« in die Donaumündung einlief und Hunyadi mit
einem kleinen Heer aus Ungarn herbeizog, nutzte Vlad Dracul
die Verstärkungen zur Eroberung des wichtigen, die Straße nach
Bukarest und Tirgoviste kontrollierenden Giurgiu.

Trotz dieses marginalen Erfolges stand es um die christliche
Sache schlecht. Die Hoffnungen, die der ›lange Feldzug‹ erweckt
hatte, waren sämtlich zerstoben. Die Union zwischen Polen und

Ungarn existierte nicht mehr, die ungarischen Adelsfraktionen waren tief zerstritten und wurden durch Hunyadis Autorität und Partei nur mühsam zusammengehalten. Die antitürkische Front bröckelte. Die Seestädte sahen sich in ihrer Detente-Politik bestätigt und fühlten sich wenig veranlaßt, bei so deprimierender Ausgangslage Risiken hinsichtlich ihres lukrativen Ägäis- und Schwarzmeerhandels einzugehen. Georg Brankovic von Serbien, dessen ungarische Ländereien zugunsten Hunyadischer Parteigänger eingezogen worden waren, steuerte einen strikt türkenfreundlichen Kurs; die Byzantiner zahlten Tribut, und Ibrahim-Beg von Karamanien hatte einen Friedensvertrag mit dem Sultan schließen müssen. Mit Ausnahme von Albanien waren die türkischen Waffen überall Sieger geblieben, die drohende Einkreisung war verhindert worden. Der Osmanenstaat präsentierte sich stärker denn je.

Die gedrückte Stimmung des Westens reflektierte nicht nur die augenblicklich erlittene Niederlage. Auch zukünftig mußte man mit der ungebrochenen Expansionskraft des Osmanenreiches rechnen. Anscheinend gab es kein Mittel, dem Vordringen der Türken zu begegnen. Die Zeitgenossen fühlten sich als Augenzeugen eines unheilvollen Umschwungs. Genau 200 Jahre zuvor war Jerusalem endgültig in die Hände der Heiden gefallen, seitdem hatte sich ihre Macht unaufhaltsam weiter und weiter ausgedehnt. War dies der Anfang vom Ende der christlichen Welt? Enea Silvio schrieb voller Pessimismus, dabei aber mit schöner Selbstverständlichkeit weltliche Herrschaft und christlichen Glauben in eins setzend:

»... wir sehen den christlichen Glauben eingeschränkt und in einem Winkel zusammengedrängt. Denn nachdem er den gesamten Erdkreis gewonnen hatte, ist er jetzt schon aus Asien und Afrika vertrieben und wird in Europa nicht in Ruhe gelassen. Groß ist das Reich, das die Tataren und Türken diesseits von Don und Hellespont, die Sarazenen bei den Spaniern besetzt halten; klein ist das Gebiet, das auf Erden den Namen Christi bewahrt...«[38]

Die Türken schickten 1446 eine Gesandtschaft in die Walachei. Sie unterrichtete den Fürsten vom guten Gesundheitszustand seiner Söhne und bot ihm einen Bündnisvertrag an, der ihm zwar Giurgiu beließ, sein Verhältnis zum Osmanenreich jedoch eindeutig festlegte. Vlad Dracul hatte jede militärische Aktion gegen den Sultan zu unterlassen, mußte Tribut zahlen und darüber hinaus 4000 Bulgaren ausliefern, die 1445 durch Hunyadi aus den türkischen Gebieten in die Walachei umgesiedelt worden waren. Vlad Dracul nahm an.

Hunyadis Reaktion kam spät. Im November 1447 marschierte er mit einem Heer durch die Karpatenpässe, nachdem er zunächst Kontakte zu der proungarischen Fraktion der walachischen Bojaren angeknüpft hatte. Da Hunyadi Verhandlungen ablehnte, zog Vlad Dracul Truppen zusammen und stellte sich zur Schlacht.

Es liegt nahe, das Verhalten des ungarischen Feldherrn durch die Gespanntheit der Beziehungen zu erklären, die zwischen ihm und dem walachischen Woiwoden bestanden. Das vorsichtige Taktieren des Fürsten in der Bündnisfrage, die halbherzige Unterstützung der ungarischen Feldzüge, schließlich die offene Opposition 1444 und Hunyadis Gefangennahme nach Warna waren sicherlich nicht geeignet, herzliche Freundschaft hervorzurufen. Dennoch wäre es falsch, die Aktion Hunyadis als reinen Rachefeldzug verstehen zu wollen. Gestützt auf seine Ämter, Woiwode von Siebenbürgen, Graf der Szekler, Ban von Severin, Generalkapitän von Belgrad und seit 1446 Gubernator (Reichsverweser) von Ungarn im Namen des unmündigen Ladislaus Posthumus, plante er einen neuen Feldzug gegen die Türken. Nach den Erfahrungen der letzten Jahre mußte er davon ausgehen, daß die jeweils bereitwillig versprochene westliche Hilfe wie üblich ausbleiben würde. Um so dringender galt es, mögliche Risiken im eigenen Machtbereich auszuschalten. Auf Vlad Draculs Vasallität war kein Verlaß, zudem wünschte Hunyadi diesmal eine größere Truppenunterstützung.

Schlacht zwischen Rumänen (rechts) und Ungarn

Vlad Dracul wurde geschlagen, konnte aber fliehen. Sein Sohn Mircea wurde gefangengenommen und in Tirgoviste hingerichtet. In der Nähe von Bukarest, kaum 60 Kilometer von der rettenden Donau entfernt, ereilte auch Vlad Dracul ein gewaltsamer Tod, er wurde erschlagen. Sein Grab, so man ihm eins gönnte, blieb unentdeckt bis auf den heutigen Tag.

Der Fürst der Walachei stürzte, weil er nie nur Werkzeug war und sein wollte, vielmehr die Zeitläufte für sich und sein Land auszunutzen suchte. Seine Politik hatte sich zwölf Jahre lang bewährt. Daß sie nun scheiterte, lag an der neuen Phase der Auseinandersetzung zwischen dem ungarischen und türkischen Block. Beide Seiten hatten sich bisher damit zufriedengegeben, die Walachei von Zeit zu Zeit für ihre Pläne zu benutzen. Jetzt jedoch, nach dem vollständigen Verlust des ungarischen Einflusses auf den Balkanraum, mobilisierte Hunyadi alle Reserven. Eine wirkliche Abhängigkeit der Walachei garantierte ihm, in ungleich größerem Ausmaß als bisher, die zum Kriegführen unentbehrlichen Mittel: Soldaten und Geld. Damit sie ihm zur Verfügung standen, bedurfte es eines gefügigen Woiwoden; eine Bedingung, die Vlad Dracul nicht erfüllte. Mit Vladislav II. ernannte Hunyadi einen Fürsten nach seinen Wünschen. Gleichzeitig setzte er in der Moldau einen ihm ergebenen Woiwoden ein. Kilia, im »Dreiländereck« von Walachei, Moldau und Osmanischem Reich gelegen, belegte er mit einer ungarischen Garnison, um der Donaumündung und der beiden Fürstentümer sicher zu sein.

Der Reisende in Sachen Macht (1448–1456)

Die Schlacht von Kossovo. Vlad Draculeas erste Regierung.
Das Exil: Moldau und Siebenbürgen. Zwei Belagerungen:
Konstantinopel und Belgrad.

Die Nachricht vom Machtwechsel im Fürstentum der Walachei traf Anfang 1448 am Sultanshof ein. Vlad Draculea wurde in den Rang eines Prätendenten erhoben. Murad II. sicherte ihm Unterstützung bei der Durchsetzung seiner Erbansprüche zu und verlieh ihm als Zeichen wohlwollender sultanischer Aufmerksamkeit einen Adelstitel. Danach wandte er sich nach Westen und griff Kastriota an.

Im Sommer unterrichteten ihn sowohl Georg Brankovic als auch die ungarischen Spione, die Murad unterhielt, daß Hunyadi seine Rüstungen abgeschlossen habe und mit seinem Heer demnächst aufbrechen würde. Der Sultan überließ daraufhin die Angriffe gegen Kastriota den örtlichen Begs, ging auf Sofia zurück und reorganisierte seine Truppenmacht aufs sorgfältigste.

Eben das hatte Hunyadi seit zwei Jahren getan. Vom Ausgang des Krieges hing nicht nur die ungarische Machtstellung auf dem Balkan ab; seine ganzen innenpolitischen Pläne standen mit auf dem Spiel. Demgemäß waren Hunyadis Vorbereitungen umfassend und berücksichtigten genauestens die Erfahrungen der vergangenen Balkanfeldzüge.

Die Befehlsgewalt war diesmal ungeteilt. In seinen Schwägern Johann von Szèkely und Michael von Szilàgyi standen ihm fähige Unterfeldherrn zur Seite. Allein die Truppen aus seinen eigenen Ländereien betrugen 10 000 Mann, der Woiwode der Walachei stellte ihm weitere 8000 und nahm persönlich am Feldzug teil. Dieses Aufgebot wurde ergänzt durch Soldtruppen aus Deutschland und Italien, ebensowenig fehlten tschechische Kampfwagen. Insgesamt betrugen diese Fußtruppen, eingekauft, um den Janitscharen die Stirn bieten zu können, noch einmal 10 000 Mann. Daß der ungarische Adel aus den bekannten Gründen von einer Beteiligung am Türkenkrieg absah, der neue Papst, Nikolaus V., kein Geld schickte, sondern abriet, und die westlichen Verbündeten sämtlich kein Interesse zeigten, war eigentlich zu erwarten gewesen. Immerhin kamen aus der Hunyadischen Adelspartei noch 4000 Gepanzerte hinzu.

Dieses 32 000-Mann-Heer ließ sich mit dem von 1443 durchaus vergleichen; in seiner Struktur und Organisation war es bestens auf den Türkenkampf vorbereitet. Mitte September überschritt Hunyadi die Donau und forderte Georg Brankovic auf, sich dem Feldzug anzuschließen. Der Despot schätzte die Chancen der Ungarn gering. »Ein so schwaches Heer könne es mit den Türken nicht aufnehmen, und er fürchte sich mehr vor Murad als vor den Ungarn«,[39] ließ er mitteilen. Daraufhin behandelte Hunyadi Serbien als Feindesland.

Wie 1443 rückte er nach Nisch vor, wandte sich aber nicht nach Sofia, wo ihn Murad erwartete, sondern nach Südwesten, nach Albanien zu, um sich mit Kastriotas Truppen zu vereinigen.

Murad befahl den Aufbruch. Während er in Eilmärschen heranzog, ritt Vlad Draculea mit einer kleinen türkischen Truppe in Richtung Walachei. Der Zeitpunkt, das väterliche Erbe anzutreten, war günstig wie nie. Vladislav II. war abwesend, das Land von Truppen entblößt.

Mitte Oktober stand der Sultan, den strategischen Kunstgriff von Warna wiederholend, im Rücken der Ungarn, die auf dem Amselfeld (Kossovo polje) Rast gemacht hatten, um sich von den bisherigen Strapazen zu erholen.

»Der Statthalter (Hunyadi, Anm. d. Verf.) zog mit seiner Streitmacht auf das Amselfeld und schrieb dem türkischen Sultan, als er dessen großer Macht und Kraft ansichtig wurde, folgenden Brief: ›Sultan, ich habe nicht so viele Mannen wie du, aber wenn ich auch weniger habe, so wisse doch, daß sie gut, standhaft, redlich und tapfer sind.‹ Der Sultan antwortete dem Janko: ›Janko, mir ist ein Köcher voll gewöhnlicher Pfeile lieber als sechs oder sieben vergoldete.‹«[40]

Die Aufstellung des ungarischen Heeres zeigte die Fähigkeit Hunyadis, die neuen Prinzipien der Kriegführung zu verstehen und anzuwenden. In hussitischer Manier ließ er auf einem beherrschenden Hügel die Wagenburg bilden und postierte an dessen Basis die Haufen des Fußvolks. Daneben stellte er einen Teil der schweren Reiterei als Eingreifreserve. Rechts und links dieser festen Stellung stand die übrige Reiterei. Die Türken hatten ihre übliche Gefechtsordnung, Janitscharen im Zentrum, Sipahis auf den Flanken, gewählt.

Die Schlacht dauerte drei Tage. Die Türken, die etwa doppelt

Türkische Sipahis

so viele Kämpfer zählten, schlugen die Angriffe Hunyadis ab und ließen sich nicht aus ihrer defensiven Stellung locken. Ein nächtlicher Überfall auf das Janitscharenlager mißlang. Das Problem war, daß beide Seiten eine defensive Gefechtsformation aufgebaut hatten, Hunyadi aber um jeden Preis zur Offensive übergehen mußte. Das türkische Heer hatte ihn von seinen Nachschublinien abgeschnitten, schon jetzt litt er an Lebensmittel- und Wassermangel. Am zweiten Tag versuchte Hunyadi daher die Entscheidung zu erzwingen, indem er massiert den rechten türkischen Flügel attackierte, ihn in Unordnung brachte und daraufhin die gesamte schwere Reiterei gegen die Janitscharen einsetzte. Wieder einmal erwies sich deren Stellung als unüberwindbar. Am Abend zog sich das ungarische Heer in die Wagenburg zurück. Seine Verluste waren mit 15 000 Gefallenen außerordentlich schwer. In der Nacht rückten die walachischen Hilfstruppen ab; die Ursache für die Niederlage, die wieder einmal ihre Schuld sein sollte, waren sie nicht. Am nächsten Tag flohen Hunyadi und die Reste des Heers der Grenze zu, nur wenige erreichten die Heimat.

Die ungarische Balkanpolitik war am Ende. Die Konsequenzen für Hunyadi blieben nicht aus. Bei Kossovo war ein Großteil seiner adligen Anhänger gefallen. 1449 nahm man ihm sein siebenbürgisches Woiwodenamt und den Titel des Szeklergrafen. Beide Ämter besetzten seine innenpolitischen Gegner. Vom Aufbau einer starken Zentralgewalt war in Ungarn keine Rede mehr. Als 1452 Ladislaus Posthumus als Ladislaus V. volljährig wurde, mußte Hunyadi auch das Amt des Reichsverwesers niederlegen. Er blieb einer der führenden Männer des Reiches, büßte jedoch seine königsähnliche Stellung ein.

Sein Gegner Murad hatte eine glücklichere Hand. Sein Protegé Vlad Draculea zog dank der türkischen Unterstützung – der Preis dafür war die Abtretung Giurgius – in Tirgoviste ein. Über diese erste Regierung Vlad Draculeas ist nichts bekannt. Man vermutet, daß er den Tod seines Vaters und Bruders zu rächen suchte. Es gelang ihm jedoch nicht, sich eine Machtbasis aufzubauen. Vladislav II., der im November vom Amselfeld zurückkehrte, trieb ihn ohne Schwierigkeiten wieder aus dem Land.

Die nächsten acht Jahre verbrachte Vlad Draculea auf Reisen. Es gab viele seiner Art in Europa, viele, die einen mehr oder weniger überzeugenden Rechtsanspruch auf Besitz und Herrschaft präsentieren konnten. Viel wert war das nicht, Verbündete waren nötig, innen wie außen. Man mußte seine Nützlichkeit unter Beweis stellen, Kompromisse schließen, den einen oder anderen Teil des Landes, der Privilegien, der Herrschgewalt opfern – später würde man alles wieder bekommen. Diejenigen, die fest im Sattel saßen – ob König oder Sultan –, bedienten sich der Reisenden in Sachen Macht nicht ungern. Hatte man doch mit ihnen ein beständiges Druckmittel parat, den gerade regierenden Vasallenfürsten zu bedeuten, daß es auch ohne sie gehe, Ersatz schon gefunden sei.

Vlad Draculeas kurze erste Regierung war trotz ihres Scheiterns für den Sultan ein voller Erfolg. Giurgiu war wieder türkisch, Vladislav II. versicherte Murad seine Ergebenheit und sandte Tribut. Umsonst, daß Vlad Draculea seine gute Kenntnis der türkischen Hofangelegenheiten nutzte, mit Wesiren und dem designierten Thronfolger Mehmed konferierte, der, 1432 geboren, fast im selben Alter stand wie er selbst: der Walachenprinz wurde augenblicklich nicht gebraucht.

Die Perspektive, seinem Vater nachzufolgen und sich im Dienst des Sultans zu bewähren, wie Vlad Dracul sich in Sigismunds Diensten bewährt hatte, behagte offensichtlich dem Sohne nicht. Vlad Draculea riskierte den Bruch mit Murad und setzte sich in das Fürstentum der Moldau ab.

Er wählte die Moldau, weil er dort Verwandtschaft besaß. Ein Aufenthalt in Ungarn oder Siebenbürgen schloß sich aus. Der Zeitpunkt seines Weggangs, Anfang 1449, war schlecht gewählt, unterstellt man, Vlad Draculea habe beabsichtigt, den moldauischen Woiwoden um Beistand für seine walachischen Pläne zu bitten. Man kann ihn gutheißen, sieht man in den folgenden Jahren einen Intensivkurs in feudaler Machtpolitik. Denn im Verlauf von nur drei Jahren erlebte das Fürstentum den Sturz des von Hunyadi eingesetzten Woiwoden Peter, die Machtergreifung des von Polen protegierten Alexander II., dessen Vertreibung durch Bogdan II., den vergeblichen Versuch der Polen, Alexander II. mit Waffengewalt wieder einzusetzen, schließlich die Ermordung Bogdans II. durch eine Adelsverschwörung.

Welche Rolle Vlad Draculea in diesen Auseinandersetzungen spielte, ist unbekannt. Es scheint, daß er sich auf die Seite Bogdans schlug, denn nach dessen Tod im Winter 1451 ging er nach Siebenbürgen. Daß Vlad Draculea allerdings wirklich an der legendären Schlacht von Crasna teilnahm, in der Bogdan mit Bauerntruppen einem polnischen Ritterheer so stark zusetzte, daß es sich unter schweren Verlusten zurückziehen mußte, kann bezweifelt werden. Mit Sicherheit hat er aber aus diesem Ereignis ebenso seine Schlüsse gezogen, wie er es später verstand, seine Kenntnis der türkischen Waffentechnik nutzbringend anzuwenden.

Vlad Draculea ritt nicht allein über den Bergsattel des Borgopasses nach Siebenbürgen, Stefan, der Sohn Bogdans, nachmals als Stefan der Große (Stefan cel Mare) Fürst der Moldau, begleitete ihn. Stefan war sechs Jahre jünger als Vlad Draculea, der gerade zwanzig Jahre zählte.

Der Aufenthalt in Siebenbürgen machte die beiden rumänischen Prinzen mit der Finanzkraft und dem Einfluß der deutschen Städte bekannt. Die zwei bedeutendsten, Kronstadt (9000 Einwohner) und Hermannstadt (6000 Einwohner) erreichten zwar nicht die Bevölkerungszahlen von Handelsmetropolen wie Nürnberg oder Köln, die mit 25000 bzw. 40000 Einwohnern als Großstädte galten. Dennoch waren sie die unbestrittenen Zentren des Handels, gut befestigt und durchaus geneigt, sich in die inneren Angelegenheiten der Walachei einzumischen, wenn handelspolitische Überlegungen dies geboten. Ihre etwaige Hilfe war selbstverständlich nicht kostenlos.

Vlad Draculea bemühte sich nach Kräften, sie für sich zu interessieren. Von Kronstadt aus, dessen günstige Lage es ihm gestattete, Kontakte mit unzufriedenen walachischen Bojaren anzuknüpfen, verhandelte er so intensiv, daß es sogar Hunyadi im weitentfernten Buda auffiel. Kurz und bündig teilte er dem Kronstädter Magistrat mit, daß er keinen Anlaß sehe, Vladislav II. durch Vlad Draculea zu ersetzen. Man möge dem Prinzen, befahl er, die gewährte Gastfreundschaft entziehen, ihn als Unruhestifter festnehmen und aus dem Land jagen. Die Kronstädter ließen sich mit der Befolgung dieses Ratschlags Zeit. Hunyadis Brief datiert vom Februar 1452, aber noch im September hielt sich Vlad Draculea in Südsiebenbürgen auf.

Der Walachenprinz sorgte mit seiner Anwesenheit, die einer beständigen Interventionsdrohung gleichkam, nicht nur fürs Wohlverhalten Vladislavs II. gegenüber den Sachsenstädten, er war auch als Informationsträger nützlich. Ins Getriebe des Sultanshofes eingeweiht, konnte er für mancherlei Aufklärung sorgen. Radu, der jüngere Bruder, lebte noch immer in Adrianopel, gut möglich, daß er zum älteren Verbindungen unterhielt.

»Mit diesem aber hatte es eine merkwürdige Bewandtnis: Radu, ein wollüstiger Schwächling und wegen seiner Schönheit, die in krassem Gegensatz zur Häßlichkeit seines Bruders stand, berühmt, hatte sich Jahre hindurch am Sultanshof als Geisel aufgehalten und dort die Aufmerksamkeit Mehmed II. auf sich gelenkt. Er gewann seine besondere Gunst, und Chalkokandyles[41] erzählt ausführlich einen Vorfall, der sich zwischen Radu und dem Sultan zugetragen haben soll. Als sich Mehmed II., einer einwandfrei bezeugten Neigung folgend, an dem jungen Radu vergreifen wollte, ward er von diesem durch einen Schwertstreich verwundet. Aus Angst vor der großherrlichen Rache kletterte Radu flugs auf einen Baum in der Nähe, um sich den Verfolgungen und der Bestrafung zu entziehen. Zu guter Letzt ward er aber wieder in Gnaden aufgenommen, zumal er sich den sultanischen Nachstellungen in der Folge weit weniger abhold zeigte als das erstemal.«[42]

Gab es eine brennende Frage zu beantworten, so war es die, was denn von diesem neuen Sultan, dem 19jährigen Mehmed II. zu halten war, der seit 1451 das Osmanenreich regierte. Im Westen herrschte Jubel und Erleichterung über Murads Tod. Mehmed, der eine friedliche Haltung nach außen an den Tag legte und sämtliche Verträge mit den christlichen Staaten einzuhalten versprach, galt als ungefährlicher junger Mensch, dessen ihm nachgesagtes wüstes Triebleben ihn einstweilen beschäftigt halten mochte. Die skeptische Ansicht des byzantinischen Gesandten Georgios Sphrantzes war eine Ausnahme:

»Im Februar des Jahres 1451 starb der Sultan Murad; ich erfuhr davon noch in Iberien. Als ich nach Trapezunt kam, sagte mir der dortige Kaiser[43]: ›Herr Gesandter, ich habe Euch eine freudige Nachricht mitzuteilen, nur müßt Ihr mir dafür ein schönes Botengeschenk machen.‹ Ich erhob mich, warf mich vor dem Kaiser nieder und sprach: ›Gott schenke Eurer Majestät langes Leben! Wie vielfältige Gnade läßt mir Eure Majestät angedeihen! So geruht Eure Majestät auch jetzt wieder mit dieser Freudennachricht zu tun. Aber ich habe nichts, was eine würdigere Gegengabe für Eure kaiserliche Majestät sein könnte. Und dann teilte er mir den Tod des Sultans mit, und daß sein Sohn ihm auf den Thron gefolgt sei, und ihm, dem Kaiser, sich sehr gnädig erwiesen habe, und der Friede zwischen ihnen neu bestätigt worden sei, wie er früher zwischen dem Vater des Kaisers und jenem Hause bestanden habe. Als ich dies hörte, verstummte ich und empfand einen solchen Schmerz, wie wenn ich den Tod eines meiner liebsten Angehörigen erfahren hätte. Dann sagte ich niedergeschlagen: ›Majestät, das ist keine angenehme Nachricht, sondern eine höchst schmerzliche.‹ Er fragte: ›Warum, mein Lieber?‹ Und ich antwortete: ›Weil der verstorbene Sultan ein Greis war und sich schon oft im Kampf gegen unsere Stadt versucht hatte … und nichts mehr gegen sie unternehmen wollte, sondern lieber im Frieden mit ihr zu leben wünschte. Der aber jetzt Sultan geworden ist, ist jung und von Kindheit an ein Feind der Christen, gegen die er Schmähungen und Drohungen ausstößt; er sagt, wenn erst die Zeit da ist und er die Zügel der Herrschaft in seine Hand genommen

Mehmed II.; zeitgenössisches Gemälde von Gentile Bellini

haben wird, werde er das Reich der Rhomäer (das byzantinische Kaiserreich, Anm. d. Verf.) und alle Christenreiche zerstören und vernichten...‹[44]

Sphrantzes sollte recht behalten. Nachdem Mehmed 1452 mit Ungarn einen dreijährigen Waffenstillstand abgeschlossen hatte, machte er sich unverzüglich daran, sich den Namen ›Bujuk‹ (der Große) bzw. ›Fatih‹ (der Eroberer) zu verdienen, indem er die fälschlicherweise Mohammed zugeschriebenen prophetischen Worte – »Die Moslemin werden sich Konstantinopels bemächtigen. Glücklich der Fürst, glücklich das Heer, die es erobern werden!« – in die Tat umsetzte.

Von welchem Orte aus Vlad Draculea das politische Geschehen im Osmanenreich und Ungarn zwischen 1452 und 1455 beobachtete, ist einigermaßen unsicher. Sowohl Siebenbürgen als auch die Moldau stehen zur Diskussion, in beiden lassen sich aber für diesen Zeitraum bedeutsame ›draculische‹ Aktivitäten nicht nachweisen. Zu vermuten steht, daß ihm genügend Zeit zu einem gründlichen Systemvergleich blieb; seine spätere Politik belegt das.

Im türkischen Reich vollzogen sich in der Tat gravierende Veränderungen. Murad II. hatte eine behutsame Balancepolitik im Innern wie nach außen betrieben. Er begünstigte die Dewschirme-Partei (vgl. S. 57), ließ aber auch der türkischen Aristokratie in einem sie befriedigenden Umfang Land, Geld und Würden zukommen. Außenpolitisch genügte es ihm, vom türkischen Kerngebiet aus möglichst viele Staaten tributpflichtig zu machen und sie damit in einen relativ lockeren Vasallitätsverbund einzugliedern.

Das treibende Moment der türkischen Expansionspolitik stellte der Adel mit seinem Bestreben dar,

»... die Feudalrente zu erhöhen, um ihre Herrscherstellung gegen ihre unzähligen Konkurrenten sowie gegen ihre ausgebeuteten Untertanen zu behaupten und zu verbessern. Die treibende Kraft in der feudalen Wirtschaft und Politik ist die Aufrechterhaltung der Machtstellung innerhalb der eigenen Klasse und deren Ausweitung soweit als möglich.«[45]

Auf der ideologischen Ebene fand es seine Entsprechung im Begriff des ›Heiligen Krieges‹, des Dschihad, dem islamischen Pendant zur christlichen Kreuzzugsidee. Die türkische Aristokratie plädierte demgemäß anfangs für eine Fortsetzung der Kriegspolitik auf dem Balkan, während die Dewschirme-Partei, wenn überhaupt, für eine Expansion gegen Osten eintrat. In dem Maße jedoch, in dem sich die innenpolitische Position der Dew-schirme-Partei so sehr verstärkte, daß ihr bei Landverteilungen ein größerer Anteil als der alten türkischen Aristokratie zuge-sprochen wurde, wandelte sich die Aristokratie zur Friedens-partei, während die Dewschirme-Gruppierung auf eine Wieder-aufnahme der expansiven Kriegspolitik hinarbeitete.

Der Gegensatz wurde bei der Belagerung von Konstantinopel, 1453, evident. Halid Chandarli, erster Minister des Sultans und Repräsentant der türkischen Adelspartei, riet dringend von einem Angriff ab und versuchte noch während der Belagerung, den Sultan zur Einstellung der Feindseligkeiten zu überreden, geleitet von der Einschätzung, der Fall von Konstantinopel werde die Dewschirme-Partei endgültig das Staatsruder über-nehmen lassen. Seine Analyse erwies sich als zutreffend. Nach der Eroberung der Stadt wurde Chandarli verhaftet, des Verrats angeklagt und hingerichtet. Die noch in aristokratischer Hand befindlichen Staatsstellen wurden fast sämtlich von Dew-schirme-Männern besetzt, deren Leben, Besitz und Rang voll-ständig von Mehmeds Gnade oder Ungnade abhing. Die sultani-sche Gewalt erhielt mehr und mehr autokratische Züge. Die Einführung eines Hofzeremoniells nach byzantinischem Vorbild betonte die einzigartige Stellung des Sultans und war darauf ab-gestellt, den Herrscher fern und unzugänglich erscheinen zu las-sen. Seine Verordnungen und Maßregeln legte Mehmed in einer Gesetzessammlung (kanunname) nieder. In ihr war unter ande-rem ein eindeutiges Thronfolgerecht formuliert, das von der Un-teilbarkeit der Herrschaft ausging und damit mit der türkischen Tradition brach, daß alle Söhne des Sultans gleiches Anrecht auf den Thron besäßen. Statt dessen dekretierte Mehmed den Bru-dermord: Der Sultan designierte unter seinen Söhnen den fähig-sten als seinen Nachfolger, bestieg dieser den Thron, war es seine Pflicht, »die Ruhe der Welt zu sichern«, denn »Unordnung ist schädlicher als Mord.«. Mehmed selbst hatte 1451 so gehandelt und seinen minderjährigen Bruder zu töten befohlen.

Parallel dazu und gleichsam seine Maßnahmen damit ab-sichernd, betrieb Mehmed die Vergrößerung der Janitscharen-truppe und den Ausbau der Artillerie. Beides trug wesentlich zur Eroberung des »letzten Bollwerks der Christenheit« bei, des-sen dreifache 13 Meter hohe Landmauern bis dahin als unein-nehmbar galten. Die türkischen Geschützgießereien produzier-ten die Mittel, sie in Schutt und Asche zu legen. Das Prachtstück des Artillerieparks war eine Riesenkanone von acht Metern Länge, die angeblich Kugeln von über 600 Kilogramm Gewicht verschossen haben soll.

»Das von diesen Werkzeugen mit den ehernen Leibern ausgespieene Feuer, verbreitete unter den Christen Verwirrung und Schmerz; der Dampf, welcher aus ihnen hervordrang, machte den Tag zur finsteren Nacht, und das Antlitz der Welt wurde dunkel wie das schwarze Schicksal der Ungläubigen.«[16]

Nach zweimonatiger Belagerung fiel die Stadt. Unter dem Namen Istanbul machte sie Mehmed 1457 zu seiner Hauptstadt. Der Westen hatte den 7000 Verteidigern gegen das 80000-Mann-Heer der Angreifer nicht zu helfen vermocht. Die Bedingung, die der Papst als Preis der westlichen Hilfe verlangt hatte, die Kirchenvereinigung, war zwar offiziell vollzogen worden, doch stand der letzte byzantinische Minister, Lukas Notaras, nicht allein mit seiner Meinung, daß er den Turban des Sultans dem Hut des Kardinals vorziehe.

Ohnehin war der Papst nicht fähig, wirksam einzugreifen. Eine mit päpstlichen Geldern ausgerüstete kleindimensionierte venezianische Entsatzflotte segelte so gemächlich, daß sie beim Fall der Stadt erst Chios erreicht hatte, und kehrte unverrichteterdinge um. Die Venezianer entschuldigten sich beim Sultan für das Verhalten ihrer byzantinischen Niederlassung, die mit den Byzantinern gemeinsam gegen die Türken gekämpft hatte, und nahmen die Hinrichtung ihres Bailo (des obersten Beamten der Handelskolonie) und acht anderer Venezianer stillschweigend hin. Mehmed honorierte diese flexible Haltung, indem er die Handelsverträge mit Venedig, zur großen Erleichterung der Stadt, 1454 erneuerte.

Mit Konstantinopel fiel nicht irgendeine Stadt in türkische Hand. Enea Silvio schrieb am 21. Juli 1453, acht Wochen nach der Einnahme Konstantinopels:

»Was haben wir eigentlich soeben verloren? Doch eine Königsstadt, den Sitz des östlichen Kaiserreiches, die Stadt des griechischen Volkes, den Thron des zweiten Patriarchen. Weh, Christenglaube, der du einst ausgedehnt warst, wie wirst du nun eingezwängt und geschwächt! ...Das ist es... was mir beklagenswert und ganz erbärmlich vorkommt und was für die Vergangenheit Grund zur Trauer, für die Zukunft Grund zur Angst gibt. Deswegen trauere ich mit den Trauernden. Die Lage ist schlimm, die Aussicht noch viel schlimmer. Wir haben die Niederlage der Griechen erlebt, nun erwarten wir den Untergang der Lateiner. Das Nachbarhaus ist abgebrannt, jetzt wartet das unsere auf das Feuer. Wer steht denn noch zwischen uns und den Türken? Nur ein wenig Land und ein wenig Wasser trennt uns noch von ihnen. Schon hängt über unseren Nacken der Türkensäbel, und inzwischen führen wir Bürgerkriege, verfolgen Brüder und lassen die Feinde des Kreuzes auf uns eindringen.«[47]

Mehmed begnügte sich nicht länger mit dem Vasallenstatus der eroberten Länder. In türkische Provinzen verwandelt konnte er ihrer sicherer sein, zudem erhöhten sich die Einnahmen erheblich, da die Steuern und Abgaben ein mehrfaches der alten Tributzahlungen betrugen. Nach seinem innenpolitischen Sieg über die Aristokratie forcierte Mehmed die türkische Expansion, wie es die Dewschirme-Partei von ihm erwartete. Bereits im nächsten Jahr wurde Serbien angegriffen; Georg Brankovic, der seinen protürkischen Kurs mit Undank belohnt sah, floh nach Ungarn. 50000 Menschen wurden verschleppt, Hunyadi verteidigte persönlich die Sperrfestung Semendria. 1455 kamen die Türken wieder und besetzten ganz Südserbien. Damit hatten sie die Hauptquelle der Brankovicschen Einkünfte, die Silberbegwerke von Novo Brdo, eigenem Nutz und Frommen zugeführt. Wann sie den nördlichen Rest unterwerfen würden, schien einzig eine Frage der Zeit.

Immer deutlicher wurde es, daß Mehmed II. nicht daran dachte, das Erreichte nur zu sichern, sondern einen Großangriff gegen Ungarn und die verbliebenen christlichen Stützpunkte im Ägäisraum plante. Zu diesem Zweck ließ Mehmed eine Flotte bauen, die zum großen Schrecken der Genuesen und Venezianer vor Chios und Rhodos erschien. Ihre Kampfkraft war zwar nicht bedeutend – es fehlte die jahrhundertealte Erfahrung und Routine in der Schiffahrt, wie sie die beiden italienischen Seestädte aufwiesen – doch war sie für kombinierte Operationen zur Unterstützung von Landtruppen durchaus brauchbar.

Hunyadi ergriff Gegenmaßnahmen. Er bestimmte den ungarischen König, den Sachsenstädten Land und Zollrechte am Roten-Turm-Paß abzutreten, wenn sie sich als Gegenleistung dazu verstünden, die in Verfall geratenen Befestigungen wiederaufzubauen. Vladislav II. war nicht sehr angetan, daß eine der Haupthandelsstraßen zwischen Siebenbürgen und der Walachei so ausschließlich unter deutsche Kontrolle geriet. Daß Hunyadi darüber hinaus Fagaras und Amlas, die walachischen Lehen in Siebenbürgen, unter einem Vorwand okkupierte, brachte den Fürsten vollends in Rage. Sein Verhältnis zu Hunyadi verschlechterte sich zusehends. Gut, daß Ersatz vorhanden war. Vlad Draculea nutzte die Stunde, und die Sachsenstädte verwandten sich für ihn. Hunyadi erteilte ihm eine Aufenthaltsgenehmigung und nahm ihn mit nach Buda, wo er ihn dem ungarischen König vorstellte. Damit hatte sich Vlad Draculea ein eindeutiges Votum gesichert und war als Thronprätendent halbwegs anerkannt. Der durch Hunyadi verursachte Tod seines Vaters lag neun Jahre zurück. Ein gewisses Maß an Vergeßlichkeit förderte schon damals die Aufstiegschancen.

Der Aufenthalt in Buda war lehrreich. Der ungarische Landtag beriet über den Türkenkrieg. Der König, anfangs anwesend, begab sich zur Jagd; es konnte also so schlimm nicht sein. Die versammelten Stände zeigten für einen Krieg wenig Begeisterung. Auch aus dem Westen durfte Hunyadi keine Hilfe erwarten, allein der Papst stellte ihm namhafte Geldbeträge zur Verfügung, so konnte er wenigstens ein paar Tausend Söldner anwerben.

Mehmed II. traf umfassende Vorkehrungen. Der Krieg, den er zu führen beabsichtigte, sollte das Problem Ungarn ein für allemal beseitigen. »EIN Gott herrscht im Himmel; es ziemt sich, daß auch auf der Erde EIN Fürst herrsche!«[48] Mehmeds Satz kolportierte man in ganz Europa.

Belgrad, der »Schlüssel des ungarischen Königreiches« sollte als erstes fallen, danach der Vormarsch ins Innere Ungarns aufgenommen werden. Mehmed gedachte die Festung nach dem Muster Konstantinopels einzunehmen und marschierte mit einem 100000-Mann-Heer nach Norden. Das türkische Verproviantierungssystem zeigte seine Leistungskraft. Die überall angelegten Lebensmittellager erlaubten ein schnelles Vordringen des Heeres. Erz wurde herangeschafft; Geschützgießereien im Hinterland von Belgrad gossen die neuen Waffen, die bei der Belagerung von Konstantinopel so entscheidend gewesen waren: Kanonen. Um die an der Donau gelegene Festung von der Zufuhr auf dem Wasserweg abzuschneiden, lief eine türkische Flotte in den Fluß ein und sperrte ihn oberhalb der Stadt. Ein türkischer Chronist schrieb:

»Wir kamen mit einem Heer, in dem die Kämpfer den Schlägen der Säbel nicht den Rücken wendeten, und die Gepanzerten in dem Regen der Pfeile nicht einmal die Augen schlossen. So beschlossen wir die Eroberung Belgrads, damit wir den Feind auf offenes Feld locken können.«[49]

Stadt und Festung Belgrad

Als am 4. Juli 1456 die türkischen Geschütze, von gutbezahlten Ungarn, Deutschen und Italienern bedient, die Kanonade eröffneten, war Belgrad vom modernsten und schlagkräftigsten Heer Europas eingeschlossen.

Der türkischen Macht konnte Hunyadi aus seinen Besitzungen in Siebenbürgen und Ungarn im Verein mit den Soldtruppen gerade 15 000 Mann entgegenstellen. Der König jagte noch immer, ebensowenig Anteilnahme bewies der Hochadel, dessen schlechtem Beispiel der übrige Adel weitgehend folgte. Belgrad selbst wurde von 6000 Mann unter dem Befehl des uns schon bekannten Hunyadi-Schwagers, Michael von Szilàgyi, verteidigt. Angesichts dieser ungünstigen Ausgangslage standen die Chancen für die Ungarn schlecht. Daß Belgrad dennoch gerettet, das türkische Heer zurückgeschlagen und Mehmed im Kampf verwundet wurde, verdankten die Ungarn einem Phänomen, demgegenüber selbst die hochentwickelte türkische Kriegsmaschine kein Mittel wußte. So schlicht es sich ausspricht, so schlicht war es auch: es handelte sich um ein Wunder. In der Gestalt des Johann Capistrano nahm es konkrete Form an.

Capistrano, 1456 schon ein betagter Mann von 70 Jahren, gilt als der »größte Wanderprediger des ausgehenden Mittelalters« und ist heute ein katholischer Heiliger. Jurist von Beruf, trat er mit 31 Jahren dem Bettelorden der Franziskaner bei, stieg in der Ordenshierarchie unaufhaltsam auf und brachte es bis zum Generalvikar, dem höchsten Amt. Er beriet verschiedene Päpste und wurde von ihnen als Legat (Gesandter) durch ganz Europa geschickt. Man stattete ihn mit inquisitorischen Vollmachten aus, die er weidlich nutzte. In Italien verfolgte er die Fraticelli, eine häretische Abspaltung seines eigenen Ordens, die die Kirche als ›babylonische Hure‹ charakterisierten und ihr vorwarfen, die wahre christliche Lehre verraten zu haben. Fraticelli, die der Ketzerei überführt wurden, endeten auf dem Scheiterhaufen. 1451 setzte Capistrano seine segensreiche Tätigkeit, die ihm den »heute allgemein üblichen Beinamen ›Apostel Europas‹« [50] eintrug, in Böhmen fort, wo er gegen die Hussiten den Kreuzzug predigte, jedoch das Mißfallen des böhmischen Königs erregte, der ihn des Landes verwies. In Breslau wetterte er gegen Weltliebe, Luxus und zunehmende Sittenverderbnis; das gerührte Volk schleppte Brettspiele, Spielkarten und Spiegel herbei, und es vollzog sich eine jener ›Verbrennung der Eitelkeiten‹, die sein Nachfahr im Geiste, Savonarola, dann 40 Jahre später so wirkungsvoll inszenierte [51]. Am selben Ort rief Capistrano zur Vertreibung der Juden auf. Die üblichen Anschuldigungen, sie trieben Wucher und hätten dereinst Christus gekreuzigt, wurden um Hostienschändung und Mord an Christenknaben erweitert. Das Ergebnis seiner ›entflammenden‹ Worte ließ nicht auf sich warten. Sämtliche Juden Breslaus wurden gefangengenommen, ihre Habe eingezogen, 41 für schuldig Befundene auf dem Marktplatz verbrannt, die übrigen aus der Stadt gejagt. Nun war Capistrano in Ungarn und propagierte den Kampf gegen die Ungläubigen. Seine rhetorisch brillanten Auftritte vor dem deutschen und ungarischen Adel fruchteten nichts. 350 Jahre Kreuzzugspredigt hatten denn doch an der Substanz der Idee gezehrt, außerdem gab es viel zu verlieren und wenig zu gewinnen; Jerusalem war fern wie nie. Auch in den unteren Klassen hatte Capistrano zunächst wenig Erfolg: da er Lateinisch sprach, verstand man ihn nicht. Als er sich jedoch eines Dolmetschers bediente, tat das Evangelium die gewünschte Wirkung:

»Wer Vater oder Mutter mehr liebt denn mich, der ist meiner nicht wert; und wer Sohn oder Tochter mehr liebt denn mich, der ist mein nicht wert. Und wer nicht sein Kreuz auf sich nimmt und folget mir nach, der ist mein nicht wert. Wer sein Leben findet, der wird's verlieren; und wer sein Leben verliert um meinetwillen, der wird's finden. Und wer verläßt Häuser oder Brüder oder Schwestern oder Vater oder Mutter oder Weib oder Kinder oder Äcker um meines Namens willen, der wird's hundertfältig nehmen und das ewige Leben ererben.« [52]

»Gott will es«, riefen die gläubigen Handwerker, Bauern, Mönche und Studenten und strömten in Massen Capistrano zu, der

Johann Capistrano

sie nach Belgrad führte. 35 000 machten sich, schlechtbewaffnet, kampfungewohnt, doch mit Gottvertrauen auf den Weg.

Wie erwartet, hatten die türkischen Kanonen ganze Arbeit geleistet. Die Mauern Belgrads waren stark mitgenommen, die Gräben mit Schutt gefüllt. Die türkische Flotte allerdings hatte eine Schlappe erlitten, so daß der Wasserweg für Hunyadi offenstand. Es gelang ihm, das Kreuzfahrerheer in die Stadt zu bringen, obwohl er, wie es heißt, die Räumung der Festung befürwortete, da er dem militärischen Wert der Gottesstreiter Capistranos nicht recht traute, die Lebensmittelvorräte aufgezehrt waren und zu allem Unglück auch noch die Pest grassierte.

In der Nacht zum 22. Juli befahl Mehmed den Hauptsturm. Dreimal drangen die Janitscharen in die Stadt, dreimal wurden sie wieder hinausgeworfen, wobei die ›ainfältigen Läutte‹ große Verluste erlitten, da sie im Glaubensrausch ihr Leben nicht schonten. Gegen den Befehl Hunyadis, der über diese militärisch-religiöse Trunkenheit vollständig die Kontrolle verlor,

Johann Hunyadi in spätmittelalterlicher
Rüstung

verfolgten sie, an ihrer Spitze der kleine, magere Bußprediger
Capistrano, die zurückgehenden Türken:

»Und die ausgezeichneten, sonst so wunderbar zäh aushaltenden (türkischen) Soldaten konnten der von heiliger Märtyrerwut ergriffenen und besessenen militärischen Plebs nicht widerstehen. Sie starben neben ihren
Bombarden, die ins Wasser und in die Gräben geworfen und zerstört wurden. Doch machte diese Menge vor der Front der Janitscharen, in deren Mitte
unbeweglich der Sultan wartete, natürlich halt.«[53]

Am nächsten Morgen befahl Mehmed den Rückzug seiner demo-
ralisierten Truppen, der in guter Ordnung durchgeführt und von
6000 frisch eingetroffenen Reitern gedeckt wurde. Die türkischen Verluste betrugen 25000 Mann; der Sultan war von einem
Pfeil verwundet worden, zwei seiner Begs, darunter der Befehlshaber der Janitscharen, waren getötet, die Flotte und der Artil-
leriepark vernichtet worden. Gott hatte nach Meinung der Zeitgenossen sichtbarlich auf der Seite der Christen gestanden.

Die Zurückschlagung der Türken vor Belgrad war in erster Linie für Ungarn bedeutsam. Das hochfeudale Ungarn konnte sich Niederlagen im Grunde nicht leisten, die Verteidigung Belgrads hatte das Schicksal des Königreiches im positiven Sinne entschieden und seinen Untergang hinausgeschoben. Das Osmanenreich besaß eine weit höhere Widerstandskraft. Sein Heer blieb intakt, der Sultan setzte seine Expansionspolitik in den nächsten Jahren kontinuierlich fort. Selbst die ›Geißel Gottes‹, die Pest, schien in Mehmeds Diensten zu stehen. Drei Wochen nach der Belagerung raffte sie den Organisator des ungarischen Widerstands, Johann Hunyadi, dahin. Ende Oktober starb auch Capistrano an der Seuche. Um die übrigen Beteiligten war es nicht viel besser bestellt:

»Die mit dem Kreuz bezeichneten Krieger hatten die mitgebrachten Vorräte bald verzehrt und wurden nun eine wahre Plage für das Land, so daß die Bauern sich erhoben, um sie auszurotten. Erst gegen den Winter kamen einige der Unglücklichen, um traurige Erfahrungen bereichert, zurück: sie hatten ihre Sünden getilgt, aber Vertrauen, Mut und Opfersinn waren ihnen dabei ebenfalls erloschen.«[54]

Am Ziel – Vlad Tepes Woiwode der Walachei
(1456–1462)

Noch vor dem Angriff Mehmeds hatte Hunyadi Vlad Draculea die Schutzwacht Siebenbürgens anvertraut, ihm also das Amt verliehen, das schon sein Vater vor 1436 innegehabt hatte. Den Sachsenstädten gab er auf, Vlad Draculea in jeder Weise zu unterstützen. Als Ende Juli die Nachrichten über die türkische Niederlage und den Rückzug Mehmeds eintrafen, schlug Vlad Draculea ohne Zögern los und marschierte mit seinen siebenbürgischen Kontingenten in die Walachei. Vladislav II. verlor die Schlacht und wurde gefangen genommen. Vlad Draculea ließ ihn auf demselben Marktplatz hinrichten, auf dem sein Bruder Mircea den Tod durch Henkershand erlitten hatte. Der neue Woiwode bestieg als Vlad III. den Fürstenthron der Walachei. Sein Beiname Draculea blieb nicht sein einziger; als Vlad Tepes – Vlad der Pfähler – ging er in die Geschichte ein.

*

Der 25jährige Fürst, der nach acht Jahren intensiver politischer Exiltätigkeit nun wieder in Tirgoviste residierte, war weit herumgekommen und erfüllte den Anspruch, ein gebildeter Mensch zu sein, zumindest im politisch-militärischen Sinn. Er war zu einem intimen Kenner der südosteuropäischen Verhältnisse geworden, wußte um die inneren Strukturen der Macht im Osmanen- wie im ungarischen Reich, hatte die Komplexität Siebenbürgens erfahren und das feudale Chaos im Fürstentum der Moldau erlebt. Sein Wissen war weniger abstrakt, vielmehr sinnlich konkret erworben und immer mit den handelnden Personen verknüpft, die er persönlich kannte: Johann Hunyadi, dessen Söhne Ladislaus und Matthias; Michael von Szilagyi, den Schwager des Feldherrn, und Ladislaus V. Posthumus, den jugendlichen ungarischen König. Mehmed war ihm noch aus Adrianopel vertraut, Bruder Radu erfreute sich anhaltender Beliebtheit von seiten des Sultans. Den alten Haudegen Kastriota kannte er und Stefan, der vom nördlichen Siebenbürgen unermüdlich gegen den derzeitigen Woiwoden der Moldau intrigierte.

Die vier, die zur Herrschaft gelangt sind, Mehmed und Vlad Tepes, oder bald gelangen werden, Matthias Hunyadi 1458 in Ungarn, Stefan 1457 in der Moldau, haben viel miteinander gemeinsam. Allesamt haben sie sich die Macht, für die sie eigentlich nicht bestimmt waren, erkämpfen müssen. Mehmed hatte als dritter Sohn keine Aussicht auf das Sultanat, bis der Tod seiner Brüder Murad II. wider seinen Willen dazu bestimmte, ihn als Thronfolger vorzusehen. Seine Zeit als Kronprinz war von schweren Differenzen mit seinem Vater und der Adelspartei überschattet. Vlad Tepes hatte es auch nicht leicht gehabt. Im Getriebe der feudalen Machtpolitik, als türkische Geisel, gescheiterter Prätendent, ewig auf der Flucht und auf die Gnade anderer angewiesen, dürfte er jene Menschenverachtung und zynische Arroganz ausgebildet haben, die Grundzüge seiner Persönlichkeit geworden sind. Der dritte im Bunde, Matthias Hunyadi, erlebte 1457 die Hinrichtung seines älteren Bruders Ladislaus, wurde in Prag inhaftiert und konnte sich erst nach der Niederschlagung mehrerer Adelsrevolten durchsetzen. Stefan schließlich war seit seinem 14. Lebensjahr, nach der Ermordung seines Vaters, ein unsteter politischer Flüchtling.

Der gemeinsame Erfahrungsbereich läßt sich erweitern. Alle vier galten als Aufsteiger, als Herrscher, deren Abstammung und Herkunft die übliche adlige Patina nicht aufwies. Besonders trifft das auf Mehmed, den Sohn einer Sklavin, und Matthias zu, dessen Großvater Wojk erst 1409 geadelt und mit Landbesitz belehnt worden war, was einen hochadligen ungarischen Opponenten veranlaßte, die Hunyadis als »Hundegeschlecht« zu diffamieren. Die Herkunft Vlad Tepes' und Stefans war so makellos auch nicht. Vlad Dracul bezeichnete sich zwar mit Recht als Sohn des hochberühmten Mircea cel Batrin, galt aber mütterlicherseits als illegitim, und Stefans Vater, Bogdan II., wurde allgemein als Usurpator angesehen, obgleich er behauptete, aus altadligem Geschlecht zu stammen und schon deshalb ein Anrecht auf den Thron zu haben.

Zweifellos waren diese Faktoren[55] – konzentriert im Bild des Emporkömmlings, der sich gegen die alten Mächte gewaltsam durchsetzt – mitverantwortlich dafür, daß alle vier in der Feudalaristokratie keine Stütze ihrer Macht sehen konnten, sondern die Herausbildung einer starken Zentralgewalt als politisches Ziel anstrebten.

Der Frieden

Der Blick über die Grenzen. Was tun, um unabhängig zu bleiben? Die Modernisierung des Fürstentums. Feudalabsolutismus. Leibgarde. Volksheer. Bojarenmord. Handels- und Kirchenpolitik. Exzesse des Ordnungswahns. Festungsbau.

Der neue Woiwode der Walachei mußte zunächst seine politischen Schulden bezahlen. In einem Vertrag mit den Sachsenstädten hob Vlad Tepes die unter Vladislav II. eingeführten Handelsbeschränkungen auf und garantierte den Deutschen das Recht auf freien Handel in der Walachei, wogegen ihm Waffenhilfe gegen die Türken und Asylrecht in Kronstadt im Falle einer Vertreibung eingeräumt wurde. Anfang September leistete er dem ungarischen König den Treueid. Kaum hatte er die Schwurhand sinken lassen, war er schon gezwungen, sie wieder zu heben. Diesmal erklärte er sich zum türkischen Vasall. Die türkische Gesandtschaft traf am 10. September 1456 ein und verlangte neben einem jährlichen Tribut von 2000 Dukaten das Recht auf freien Durchzug nach Siebenbürgen, ferner das Zugeständnis, daß fortan vor der Wahl eines Fürsten die Erlaubnis des Sultans einzuholen sei, schließlich, daß Vlad Tepes den Tribut persönlich zu überbringen und als Zeichen der Unterwerfung den Saum des sultanischen Gewandes zu küssen habe.

Vlad Tepes sagte zu allem ja; später würde man nein sagen können, wenn eine feste Machtbasis vorhanden war. Augenblicklich war das nicht der Fall. Die Souveränität der Walachei hatte seit Vlad Draculs Tod entschieden gelitten. Einzig die Frage, von wem das Fürstentum besetzt werden würde, schien offen. In Siebenbürgen hatte es seine Lehen Fagaras und Amlas eingebüßt. Im wichtigen Donauhafen Kilia lag eine ungarische Garnison, in Giurgiu und anderswo türkische Truppen. Die Bojaren hatten ihre Machtstellung ungestört ausgebaut. Der Handel war weitgehend in ausländischer Hand.

Außenpolitisch sah es nicht besser aus. Serbien war im Zusammenbruch begriffen, Ungarn nach dem Tode Johann Hunyadis durch Machtkämpfe zwischen verschiedenen Adelsfraktionen gelähmt. Seit dem Fall von Konstantinopel war nicht mehr damit zu rechnen, daß jemals wieder eine christliche Hilfsflotte in die Donaumündung einlaufen würde. Jetzt blockierten die Türken die Meerengen, kein genuesisches oder venezianisches

Schiff konnte es wagen, die Drohung ihrer Kanonen zu übersehen, und brav zahlten die Genuesen hohe Zollgebühren, um den Bosporus und die Dardanellen passieren zu dürfen. Der türkische Versuch, das ungarische Königreich mit einem Schlag zu überrennen, war zwar gescheitert, doch nichts stand dawider, den Kampf gegen Ungarn, wenn nicht direkt, so an den Flanken wiederaufzunehmen. Der Weg nach Buda führte nicht nur über Belgrad. Bosnien bot sich an oder Siebenbürgen, letzteres bedeutete die Okkupation der Walachei. Das deprimierende Bild hellte sich nur im Südwesten auf. Dort, in Albanien, schlug Kastriota/Skenderbeg seit nunmehr 13 Jahren mit immer unterlegenen Kräften die Türken erfolgreich zurück. Vielleicht ließ sich von ihm etwas lernen?

Ganz sicher ließ sich von den Türken lernen, gleichfalls von den Ungarn, allerdings mehr ex negativo. Was die Türken so überlegen machte, bot sich als Ausweg aus der prekären Lage auch für das Fürstentum der Walachei an: der Aufbau einer starken Zentralgewalt mit dem Ziel, die Unabhängigkeit des Landes zu erhalten. Die Konsequenz dieser Absicht war offenkundig; ihre Gegner, die Bojaren, mußten beseitigt und eine neue Macht geschaffen werden, dem Herscher persönlich ergeben und jederzeit einsatzbereit: eine stehende Truppe. Die kostete Geld und war im Gewohnheitsrecht nicht fixiert. Nur im Kriegsfall durfte der Woiwode Truppen aufbieten. Es gab trotzdem ein Mittel: Der Handel mußte entwickelt, seine Zölle und Abgaben in die fürstliche Tasche geleitet, die Stellung des Fürsten selbst eine andere, herausragende, von rechtlichen Normen befreite werden. Auch hier ließ sich von den Türken, speziell von Mehmed II., lernen. Vlad Tepes tat es mit Akribie.

Die Zeit drängte, Schnelligkeit mußte alles entscheiden. Im Schachspiel der Macht hatten die Türken nicht nur die bessere Stellung inne, sondern waren ihren Gegnern um einige Tempi voraus. Die Ausprägung des Sultanats, die Umformung der Gesellschaft hatte im Osmanenreich eine 70jährige Geschichte, auf der Mehmed II. aufbauen konnte. Das Fürstentum der Walachei hatte ähnliches nicht aufzuweisen. Vlad Tepes, unter der immer akuten Drohung eines türkischen Angriffs, begann den Wettlauf gegen die Zeit und versuchte innerhalb von fünf Jahren, das Fürstentum zu ›modernisieren‹.

Vlad Tepes hatte sich kaum in seiner Herrschaft eingerichtet, als er schon Schritte einleitete, die Mißtrauen und Verstimmung unter seinen westlichen Verbündeten hervorriefen. Die Ungarn brüskierte er mit der Forderung nach Rückgabe der walachischen Lehen Fagaras und Amlas, und gegenüber den Sachsenstädten versuchte er, das Stapelrecht durchzusetzen, seinerzeit ein Hauptinstrument der Wirtschaftspolitik, wenn es darum ging, die Voraussetzungen eines wirtschaftlichen Aufschwungs zu schaffen.

Um die Brisanz gerade der letzten Forderung zu verstehen, sind einige Informationen zur Wirtschaftsstruktur des Fürstentums hilfreich. Ich habe bereits die monopolartige Stellung der Deutschen im walachisch-transsilvanischen Handel erwähnt; ihre eigentliche Domäne war jedoch der Fernhandel, wo sich ihre Position paradoxerweise durch das türkische Vordringen verbessert hatte. Ihre Mitkonkurrenten, die Ragusaner und Genuesen, litten unter schweren Handelshemmnissen. Der Landweg durch Serbien, den die Ragusaner einzuschlagen pflegten, galt wegen der dauernden kriegerischen Auseinandersetzungen in diesem Gebiet als nicht sonderlich sicher, die Genuesen wiederum büßten ihre herausragende Stellung im Schwarzmeerhandel mehr und mehr ein. Ihr Haupthandelszentrum auf der Krim, Kaffa, das über Kilia und Akkerman nicht nur den Handel mit den rumänischen Fürstentümern vermittelte, sondern über Kronstadt und Hermannstadt sogar Oberdeutschland erreichte, war im Niedergang begriffen. Der Fall von Konstantinopel hatte die genuesischen Schwarzmeerkolonien wenn nicht von der Mutterstadt abgeschnitten, so doch ihren Handel türkischer Kontrolle unterworfen. Dennoch war Kaffa, wo 2- bis 3000 italienische Kaufleute mit ihren Familien lebten, immer noch ein Wirtschaftsfaktor ersten Ranges, der vor allem mit hochwertigen Luxus›gütern‹, mit Sklaven, Gewürzen, Juwelen und Seide, lukrative Gewinne erzielte.

Vlad Tepes kam es darauf an, sich den Transithandel durch die Walachei als Einnahmequelle nutzbar zu machen. Das geringe Handelsvolumen des Fürstentums, der nicht sehr bedeutende Export von Fisch, Vieh, Leder, Wachs und Honig gegen hochwertige Handwerksprodukte wie Tuche (aus Ypern, Löwen und Köln) und Waffen (aus Italien, Ungarn und Nürnberg) verbot ein zu harsches Andrehen der Steuerschraube. Erst mußte der Handel entwickelt werden, dann erst konnte man ihn schröpfen. Zu diesem Zweck genügte es nicht, den siebenbürgischen Transithandel einfach nur mit Ein- und Ausfuhrzöllen zu belegen. Der

Der Fürstenhof von Tirgoviste

walachische Handel sollte an ihm partizipieren bzw. einen geschützten Markt erhalten. Das Stapelrecht erschien Vlad Tepes als geeignetes Mittel. Fortan konnten die deutschen Kaufleute das Fürstentum mit ihren Waren nicht durchqueren, ohne sie auf bestimmten Märkten – Cimpulung, Tirgoviste und Tirgsor – zunächst den walachischen Kaufleuten angeboten zu haben. Wünschten diese die Waren zu erwerben, waren ihnen Vorkaufs- und Weiterverkaufsrecht zugesichert. Solche Bestimmungen mußten die Sachsenstädte auf Dauer schädigen. Sie büßten nicht nur den Binnenhandel im Fürstentum ein, den nun die walachischen Kaufleute exklusiv betrieben, sondern mußten auch um ihren den Hauptprofit abwerfenden Fernhandel fürchten, da die Kapitalkraft ihrer Konkurrenten durch den protektionistischen Kurs des Fürsten unweigerlich zunehmen würde.

Offensichtlich hatte man sich in der Person Vlad Tepes' einen Fehlgriff geleistet. Nun gut, das ließ sich korrigieren. Beide Städte stellten Gegenkandidaten auf. Die Kronstädter unterstützten einen gewissen Dan, die aus Hermannstadt einen Halbbruder Vlad Tepes', Vlad den Mönch (Calugarul). Die designierten Nachfolger begannen unverzüglich damit, sich unter den walachischen Bojaren nach Anhängern umzusehen.

Im Frühjahr 1457 forderte Vlad Tepes die beiden Städte ulti-
mativ auf, seinen Gegnern kein Asyl zu gewähren, sondern sie
auszuweisen. Die starke Sprache zeigte nicht die gewünschte
Wirkung. Hermannstadt sorgte sogar dafür, daß sich Vlad Calugarul im von Vlad Tepes beanspruchten Amlas häuslich einrich-
tete. Auf diese weitere Provokation antwortete der Woiwode mit
einem brutalen Gegenschlag. Sengend und brennend fiel er in
Siebenbürgen ein und verwüstete gezielt die Gegend um Kronstadt und Amlas. Weder Frauen noch Kinder wurden geschont;
wer nicht in den Flammen umkam, wurde in die Walachei ge-
schleppt und gepfählt. Die Sachsenstädte beschwerten sich bei
Ladislaus V., Vlad Tepes suchte gleichfalls nach Verbündeten
und fand sie in den Gegnern des Königs, der Hunyadi-Familie.
Sein alter Bekannter Michael von Szilagyi schickte sich an, zwischen den verfeindeten Parteien einen halbwegs akzeptablen
Frieden auszuhandeln. Im November kam er wenigstens mit
Kronstadt zustande. Im Abkommen von Schäßburg erklärte sich
die Stadt bereit, Dan auszuweisen, wenn Vlad Tepes seine protektionistische Handelspolitik aufgäbe. Der Fürst unterschrieb,
der Vorzustand war wiederhergestellt. Die Kronstädter hatten
erreicht, was sie wollten. Vlad Tepes blieb als Trost die Hoffnung, in Zukunft auf das Fürstentum der Moldau zählen zu können, wo im April Stefan mit Unterstützung walachischer Truppen seinen Vorgänger Peter Aron aus dem Lande gejagt hatte.
Das Verhältnis zu den Sachsenstädten blieb gespannt. 1458
zahlte es sich aus, daß Vlad Tepes auf die Hunyadi-Partei gesetzt
hatte. Matthias Hunyadi bzw. Corvinus, wie er sich nannte,
nachdem ihm sein Hofhistoriker Bonfinius einen Stammbaum
geliefert hatte, der bis in die Römerzeit zurückreichte, wurde
nach dem plötzlichen Tod Ladislaus' V. mit Hilfe von 20 000
Mann, die Michael von Szilagyi im richtigen Zeitpunkt herbei-
führte, zum neuen ungarischen König gewählt. Den Sachsenstädten, die nicht verhehlten, daß sie Friedrich III. als ungarischen König vorzogen, schlug das übel aus. Matthias ergriff
sogleich die Partei seines walachischen Verbündeten und wies
den Magistrat von Hermannstadt an, die Streitigkeiten mit Vlad
Tepes beizulegen. Im März 1458 wurde ein dementsprechendes
Abkommen ausgehandelt. Doch schon im Sommer trübten sich
die Beziehungen zwischen dem König und dem Woiwoden der
Walachei. Michael von Szilagyi hatte seinem Wunsch nach
mehr Macht und Einfluß in einer Weise Ausdruck gegeben, die

Matthias Corvinus zwang, ihn in Haft zu nehmen. Peinlicherweise galt Vlad Tepes als Szilagyis Verbündeter. Es sprach ferner nicht für den Woiwoden, daß er die innenpolitische Krise Ungarns schnellentschlossen nutzte, um das wichtige Kilia in seine Gewalt zu bringen. Die rasche Tat verärgerte auch Stefan, der ebenfalls Ansprüche auf den Hafen erhob. Ein gewisses Mißtrauen bestimmte von nun an das Verhältnis des ungarischen Königs zu seinem walachischen Vasallen.

Während der vergangenen zwei Jahre hatte Vlad Tepes seine Machtstellung behutsam ausgebaut. Der Fürst hatte seine Leibwache vergrößert und damit begonnen, den Bojareneinfluß zurückzudrängen. Nach dem Prinzip der Sippenhaft pfählte er, soweit er ihrer habhaft wurde, nicht nur seine Gegner, sondern auch deren Familien. Ihr Landbesitz wurde konfisziert und an Parteigänger des Fürsten verteilt. Dennoch war es vollständig offen, ob die Adelspartei oder die mit Vlad Tepes verbündete Koalition aus Kaufleuten, freien Bauern und kooperationswilligen Bojaren schließlich den Sieg davontragen würde.

Es mag sein, daß die Türken die Krise beschleunigten. Mehmed II. hatte 1458 ganz Griechenland besetzt, ausgespart blieben nur die venezianischen Stützpunkte, während sein Großwesir Mahmud Serbien endgültig niederwarf. Ihr bedrohliches Vordringen könnte Vlad Tepes seinerseits veranlaßt haben, seine innenpolitischen Absichten rigoros zu forcieren. Ein weiterer Gesichtspunkt war wohl, daß Vlad Tepes nach seinem ersten, gescheiterten Waffengang mit den Sachsenstädten in den Bojaren die eigentlichen Schuldigen erblickte, denn die Thronprätendentenpolitik der Deutschen war nur möglich, weil sie sicher sein konnten, die eine oder andere Bojarengruppe für sich zu gewinnen. Der Fürst gedachte, das Problem für alle Zukunft zu lösen.

»Gut angewandt kann man grausame Mittel nur nennen – wenn es überhaupt erlaubt ist, etwas Schlechtes gut zu heißen –, wenn man sie auf einmal anwendet und nur aus der Notwendigkeit heraus, um sich zu sichern, dann aber nicht damit fortfährt und sie jedenfalls zum größtmöglichen Nutzen der Untertanen wendet. Schlecht angewandt sind grausame Mittel, die, mögen sie anfangs auch gering an Zahl sein, mit der Zeit eher zunehmen als aufhören. Diejenigen, welche die erstere Methode anwenden, können mit Gottes und der Menschen Hilfe dadurch manches Sicherungsmittel zur Befestigung ihrer Herrschaft gewinnen... den anderen ist es unmöglich, ihre Herrschaft zu halten.«[56] Niccoló Machiavelli 1513

In der Altstadt von Schäßburg (Sighisoara)

Zu Beginn des Jahres 1459 nahm Vlad Tepes seine protektionistische Handelspolitik wieder auf. Der Dorn im Fleisch der Sachsenstädte, das Stapelrecht, wurde zum zweiten Male dekretiert. Die walachischen Händler erhielten einen Wink, Siebenbürgen bis auf weiteres zu meiden.

Kronstadt zögerte nicht, Gegenmaßnahmen zu treffen. Der ausgewiesene Dan kehrte zurück und wurde großzügig mit Geld und Waffen ausgestattet. Derweil liefen schlimme Nachrichten ein. Vlad Tepes hatte einen Kronstädter Kaufmannszug, der seinen Handel nicht ordnungsgemäß über die zugelassenen Märkte abgewickelt hatte, angehalten, die Waren beschlagnahmt und sämtliche Kaufleute, es sollen 600 gewesen sein, pfählen lassen. Was sich sonst noch an siebenbürgischen Kaufleuten in der Walachei aufhielt, wurde in einen Saal gesperrt und das Gebäude angezündet. »Ich will nit han, das sy kuntschafft sollen gewinnen hie oder mein lant erkennen«[57], läßt der Meistersinger Michel Beheim den Fürsten die Massenverbrennung kommentieren.

Kronstadt tat sich schwer, Verbündete gegen Vlad Tepes aufzutreiben. Matthias Corvinus war nicht abgeneigt einzuschreiten, hatte aber in Ungarn genug zu tun, wo eine Adelspartei gerade Friedrich III. zum Gegenkönig wählte. Dan, der Gegenkandidat schien somit der einzige Trumpf und mühte sich redlich, das in ihn gesetzte Vertrauen durch fleißige Kontaktpflege zu rechtfertigen.

Das Osterfest kam heran. Mit Vorliebe wurden reuige Sünder an diesem Tage wieder in den Schoß der Kirche aufgenommen. Vlad Tepes wollte das heilige Fest nicht allein begehen. Er lud die Bojarenversammlung ein oder, wie sich ein griechischer Geschichtsschreiber ausdrückte, »alle, die bis jetzt auf die Wahl des Fürsten Einfluß genommen hatten«[58]. Wie es sich gehörte, wurde üppig getafelt. Auf dem Höhepunkt des Festes veranstaltete der Woiwode ein Ratespiel, indem er die Bojaren fragte, an wieviel Fürsten sie sich denn erinnerten. Der älteste sagte an dreißig, andere erinnerten sich immerhin an zwanzig, und selbst der jüngste konnte noch deren acht aufzählen. Die von Vlad Tepes gestellte Zusatzfrage, wie das denn käme, daß sie so viele Woiwoden gehabt hätten, beantwortete er gleich selbst: »es muss nur schuld wesen der schand von eurem wider sperren«[59]. Die Festtafel wurde aufgehoben, die Leibgarde des Fürsten besetzte den Raum, die versammelten 500 Bojaren wurden allesamt gepfählt (1. Version), oder es wurden nur die alten Bojaren und ihre Frauen gepfählt, die jungen aber für so lange zur Zwangsarbeit verurteilt, bis ihnen die kostbaren Osterkleider vom Leibe gefallen wären (2. Version).

Die Ländereien der hingerichteten Bojaren wurden eingezogen und nach dem Prinzip Land gegen Militärdienst an Kleinadelige oder freie Bauern verliehen. Der Bojarenmord kam einem Staatsstreich gleich und bedeutete die völlige Umstrukturierung der Bojarenversammlung. Die Neuadligen überwogen beträchtlich; die Bojarenversammlung selbst verlor jeglichen Einfluß auf die Regierungsführung und denaturierte zum reinen Akklamationsorgan.

Nicht alle Bojaren waren nach Tirgoviste gereist. Gerade der, den es eigentlich hatte treffen sollen, war klug genug, dem blutigen Osterfest fernzubleiben. Albu, der den Beinamen der Große führte, weil er unter verschiedenen Woiwoden hohe Ämter bekleidet hatte und über einen beträchtlichen Landbesitz verfügte, begriff, was die Stunde geschlagen hatte und zog Truppen zusammen. Vlad Tepes besiegte ihn mit geringer Mühe; Albu und seine ganze Familie wurden hingerichtet.

Man kann nicht sagen, daß dieser Verlauf der Ereignisse Dans Pläne begünstigte. So sahen es auch die Kronstädter und schickten eine Abordnung in die Walachei, die über einen glimpflichen Frieden, wahrscheinlich zu den Bedingungen des Schäßburger Vertrags (vgl. S. 97), verhandeln sollte. Vlad Tepes wollte bessere Konditionen. Die 55 Gesandten wurden bequem untergebracht. Dennoch stieg ihre Besorgnis, als sie am nächsten Morgen genau 55 Pfähle vor ihrer Herberge entdeckten. Der Woiwode ließ sich entschuldigen. Aus einsehbaren Gründen wagten die Gesandten weder mit Nachdruck auf Verhandlungen zu drängen, noch getrauten sie sich, einfach abzureisen. Eines Nachts war Vlad Tepes verschwunden. Im Burzenland (Tara Birsei), im Umland von Kronstadt, tauchte er wieder auf.

> »Es war sein Lust und gab ihm Mut,
> wenn er sah fließen Menschen Blut.«[60]

Das folgende einen Feldzug zu nennen, hieße die Absicht Vlad Tepes' mißverstehen. Es ist eine Ausrottungsaktion, die dem Magistrat von Kronstadt unmißverständlich klarmachen soll, daß die Beschlüsse des Fürsten zu respektieren sind. Seine Truppen verbrennen Dörfer und Städtchen, das Getreide auf dem Halm, alles wird vernichtet. Die Vorstadt von Kronstadt nimmt er ein; sie ist nicht besonders geschützt, das arme Volk wohnt hier, die Zugereisten, die Juden, die Zigeuner. Die Gefangenen, ob Mann, Frau oder Kind läßt er der Stadt gegenüber bei der Kapelle St. Jacob pfählen, so kann man es gut sehn von den Mauern. Unter den Gepfählten frühstückt er. Einen Unterführer schickt er nach Zeiden (Codlea), einem kleinen Städtchen nordwestlich von Kronstadt. Die Einwohner wehren sich tapfer; unverrichteterdinge ziehen die Walachen wieder ab. Die Gründe seines Unterführers überzeugen Vlad Tepes nicht, er befiehlt, ihn zu pfählen. Der Wirtschaftskrieg ist zunächst zu Ende. Kronstadt kann er nicht erstürmen. Die Stadt besitzt erstklassige Befestigungen. Vlad Tepes kehrt in die Walachei zurück.

Es gibt dort viel zu tun für ihn. Sein politisches Credo lautete auf Durchsetzung von Ruhe und Ordnung im Innern als Voraussetzung einer unabhängigen Regierung nach außen. Die Neudefinition der Stellung des Fürsten, der Anspruch, er sei die einzige Quelle des Rechts, seine Weisungen unanfechtbar, er selbst jeder Kritik entzogen, bildete die theoretische Grundlage seiner wahrhaft ›einschneidenden‹ Maßnahmen. Von einem auf Treue basierenden Gefolgschaftsverhältnis war nicht mehr die Rede, Vlad Tepes forderte Unterwerfung. Als erster über allen – primus super omnes – wollte er herrschen; die alte Auffassung, die zumindest in der Theorie jeden Adligen dem Woiwoden gleichstellte, der eben nur als erster unter gleichen – primus inter pares – galt, wurde von Vlad Tepes heftigst bekämpft. Gleichheit existierte insofern, als vor seinem Thron alle Bewohner des Fürstentums Untertanen waren, die sich ihm gegenüber auf irgendwelche Rechte nicht berufen konnten. Seine Gerichtsurteile lassen denn auch keine Rücksichtnahme auf Rasse, Religion, Stand oder Geschlecht erkennen. Schluß sollte sein mit den ewigen ausländischen Interventionen, Schluß mit den Adelsfehden. Vlad Tepes konkretisierte den starken Staat in seiner Person. Nützlichkeit war sein Zauberwort.

Was nützten ihm und dem Land die Bettler, Lahmen und Leprakranken? Die Frage war einst so nicht gestellt worden. Christus hatte sein Leben in Armut verbracht und die Besitzlosigkeit gepriesen. »Es ist leichter, daß ein Kamel durch ein Nadelöhr gehe, denn daß ein Reicher ins Reich Gottes komme.« (Matthäus 19,24). Die Bettler und Kranken hatten eine Funktion in der göttlichen Weltordnung, sie erinnerten die Wohlhabenden an

Vlad Tepes speist unter den Gepfählten

ihre Gewissenspflicht. Das Almosen, das der Reiche gab, rechnete zu den guten Werken, die das Anrecht auf einen Platz im Himmel sichern halfen »Wahrlich, ich sage euch: Was ihr getan habt einem unter diesen meinen geringsten Brüdern, das habt ihr mir getan.« (Matthäus 25,40)

Vlad Tepes begriff es anders, moderner. Für ihn waren die Bettler eine Belastung des Landes. Sie produzierten nichts und schmarotzten nur von Hab und Gut der Fleißigen. Wieder lud er zu einem Gastmahl. Die Versammelten fragte er, ob sie nicht wünschten, sich sorgenfrei zu fühlen und keinen Mangel zu leiden. Als die Bettler bejahten, ließ er den Saal niederbrennen; niemand entkam. Seiner entsetzten Gefolgschaft erklärte er, daß er nicht wolle, daß im Fürstentum jemand arm sei. Schaffen wir die Armut ab, indem wir die Armen abschaffen.

Die nächste unproduktive Bevölkerungsgruppe, der sich der Woiwode widmete, waren die Zigeuner.

»Item es koment in sin land by drien hundert Ziginer, da nam er die besten dry uß in und ließ sy braten, die musstend die ander Ziginer essen und sprach zu in: also muß ainer den andern essen, bis üwer kainer mer ist, oder zücht hin an die Türcken und strit mit inen.«[61]

Wie sich denken läßt, waren die Zigeuner nun gern bereit, Kriegsdienst zu leisten. Großzügig stellte ihnen Vlad Tepes Waffen und Rüstungen zur Verfügung.

Die Zigeuner waren gleichfalls betroffen, als der Woiwode daran ging, die Verluste, die der walachischen Volkswirtschaft durch Diebstahl entstanden, mit den gewohnten drastischen Mitteln einzudämmen. Einen Zigeuner, der gestohlen hatte, verurteilte er zum schimpflichen Tod am Galgen; eine bei ›großem Diebstahl‹ damals durchaus übliche Strafe. Andere Zigeuner baten Vlad Tepes, die Strafe zu mildern und beriefen sich auf einen vom Kaiser Sigismund ausgestellten Majestätsbrief, der das Henken von Zigeunern verbot. Gerade dadurch provozierten sie den Fürsten, stellten seine Souveränität in Frage und drohten mit einer übergeordneten Instanz.

»Nun merkend waz der Trakal tet!
er machet nit vil wart noch ret.
hort van selczemen klenken.
Disen Zigeiner ere
in aim kessel versieden liess,
dy andern Zigeiner er hiess
alsamen kumen here.

Dise zigeiner musten in
verzeren und gancz essen hin
mit flaisch und auch gebaine.«[62]

Derartige Methoden verringerten die Diebstahlsquote. Als
augenfälligen Beweis dafür, daß im Fürstentum nicht mehr gestohlen werde, stand ein goldener Becher auf dem Rand des öf-
fentlichen Brunnens von Tirgoviste. Wer ihn stahl, riskierte, gepfählt zu werden. Ob das wirklich die Schuldigen waren, läßt
sich bezweifeln. Die nachfolgende Episode ist jedenfalls nicht
geeignet, dementsprechende Verdachtsgründe auszuräumen:

»Während der Regierungszeit des Vlad Tepes bereiste ein bedeutender flo-
rentinischer Kaufmann das Land, der eine große Menge Waren und eine beträchtliche Geldsumme mit sich führte. Als er nach Tirgoviste kam, ging der
Kaufmann stracks zum fürstlichen Palast und bat Vlad Tepes um bewaffnete
Wachen, die sein Hab und Gut schützen sollten. Aber Vlad Tepes befahl ihm,
Waren und Geld einfach auf dem Marktplatz niederzulegen; der Kaufmann
selbst erhielt für die Nacht ein Zimmer im Palast. Dem darüber wenig begei-
sterten Florentiner blieb nichts anderes übrig, als zu gehorchen. Und wirklich, am nächsten Morgen waren 160 Dukaten verschwunden.
    Vlad Tepes beruhigte ihn, Geld und Dieb würden gefunden werden. Sei-
nen Schatzmeister wies er an, dem Kaufmann die gestohlene Summe zu ersetzen, jedoch einen Dukaten hinzuzufügen. Dann befahl er den Bürgern von
Tirgoviste, den Dieb sofort zu suchen. Falls man ihn nicht entdeckte, würde
er die Stadt zerstören lassen.
    In der Zwischenzeit ging der Kaufmann zu seinem Warenlager zurück und
zählte sein Geld. Er zählte es einmal, ein zweites, ein drittes Mal, und jedesmal erhielt er dasselbe Ergebnis: es war ein Dukaten mehr, als ihm zustand.
Er ging wieder zu Vlad Tepes und sagte: ›Mein Fürst, Ihr habt mir dankens-
werterweise mein Geld vollständig zurückerstattet, es ist jedoch ein Dukaten mehr, als ich eingebüßt habe: Hier ist er:‹ Im selben Augenblick brachte
man den Dieb in den Palast. Vlad Tepes erwiderte: ›Geh in Frieden, Kaufmann, und nimm den Extradukaten mit dir. Hättest du ihn nicht zurückge-
bracht, hätte ich befohlen, dich zusammen mit diesem Dieb zu pfählen.‹«[63]

Überall mußte nun Ordnung sein. Auch und gerade im Ge-
schlechtsleben. Die übelsten Grausamkeiten inszeniert Vlad Tepes gerade hier, wenn er versucht, seine Puritanermoral zur
Norm zu erheben. Frauen, die ihre Geschlechtslust außerehelich
ausleben, sind genauso dem Tode verfallen wie ›unkeusche‹ Wit-
wen oder Mädchen, die ihre Jungfrauenschaft nicht bewahren.
Die Strafen fallen derartig drakonisch aus, meistens werden die
Sexualorgane verstümmelt, daß hier nur zwei Beispiele erwähnt
sein mögen.
    Seine Mätresse, die ihm mitteilt, daß sie schwanger sei, läßt er

von einer Hebamme untersuchen. Als diese meint, daß keine Schwangerschaft vorliege, bestraft Vlad Tepes den Betrug auf bestialische Weise:»Da schnitt er seine Mätresse von unten auf bis zu den Brüsten und sprach, daß er sehen wollte, wo denn seine Frucht wäre und daß er der Welt zeigen wolle, wo er gewesen sei.«[64]

Eine Bauersfrau, die ihrem Mann ein zu kurzes Hemd genäht hat, das beim Arbeiten einiges von dem entblößt, was Vlad Tepes gern zugedeckt sähe, läßt er pfählen, obwohl ihr Mann sich für sie einsetzt.

Sexualität außerhalb des vorgeschriebenen Betätigungsfelds Ehe ist Abweichung, Ablenkung, Gefahr. Inmitten des kontrollierten gesellschaftlichen Ablaufs bedeutet sie einen unkalkulierbaren Bereich. Sie verhindert den totalen Einsatz für Fürst und Land. Symptomatisch ist folgende Begebenheit:

»Anno domini 1462 hatt er lassen tötten mer den fünff und zwaintzig tussent menschen allerlay volckes: christen, haiden etc. Darunder sind gewesen die aller schönsten frowen und junckfrowen, die behalten sind worden durch sin hofflüt, die habent begehrt an den Dracoll, er soll in die geben zu elichen frowen; der Dracoll das nit thun wollen und hatt gebotten die all mit sampt den hofflütten zerhacken als das krut; und das hatt er darumb gethun, er ist zinsshaftig gewesen dem türckischen kaiser, der den zinss an in gefordert hat.«[65]

Ein normaler Vorgang: die Adligen beanspruchen ihren Teil an der menschlichen Beute – ob sie die Frauen unbedingt ehelichen wollen, sei dahingestellt, eine andere Quelle weiß davon nichts. Vlad Tepes sieht das als Obstruktion. Angesichts der türkischen Bedrohung bedeutet das Verhalten der Adligen Disziplinlosigkeit und Widersetzlichkeit. Der Feldzug, den der Woiwode führt, zielt auf Vernichtung ab, von Plündern ist nicht die Rede. Wer das nicht begreift, wer sich persönlich Vorteile zu verschaffen sucht, wird unnachsichtig bestraft.

Ordnung muß herrschen. Das gilt zumal für den kirchlichen Bereich. In der Kirche will sich Vlad Tepes eine Stütze schaffen. Zwischen 1457 und 1460 stattet er verschiedene Klöster mit Landschenkungen aus. Dabei stärkt er den Einfluß der rumänisch-orthodoxen Kirche. Wo er kann, versucht er, loyale Anhänger seiner Politik in Abtstellen einrücken zu lassen. Als der französische Abt des Zisterzienserklosters Kerz (Cirta) stirbt, schlägt Vlad Tepes als Nachfolger einen Rumänen aus Tirgoviste vor. Die Empörung, die dieses Ansinnen hervorruft, resultiert nicht so sehr aus der nationalen Herkunft des Bewerbers, sondern daraus, daß der Fürst es wagt, unter Mißachtung der in der Adelsgesellschaft geltenden Regeln, einen ›plebanus‹ zu präsentieren, einen Bürger also, einen aus der ›Hefe‹ des Volkes.

Vlad Tepes unterstützt die Kirche dort, wo sie nützlich ist. Wenn er ihr ehemaliges Bojarenland gibt, tut er es, weil ihn die Klöster im Kriegsfall mit Geld und Lebensmitteln unterstützen sollen. Wenn er die Klöster befestigt, schafft er nicht nur den Mönchen, sondern auch sich selbst sichere Zufluchtsorte. Aufgabe der Priester ist es ferner, auf die Herausgehobenheit der fürstlichen Stellung hinzuweisen, auf sein Recht, durch Grausamkeit zu herrschen, falls dies im Interesse des Landes erforderlich ist. Demgemäß fallen seine Exempel aus. Der Woiwode befragt einen Mönch, inwieweit er berechtigt sei, grausame Strafen zu verhängen. Der Mönch vertritt die Auffassung, daß es das Recht des Herrschers sei, jeden zu pfählen, der in seinen Augen Schuld auf sich geladen hätte. Seine Handlungen unterlägen nicht der Kritik seiner Untertanen, er könne eigenverantwortlich entscheiden. Diesen Mönch belohnt Vlad Tepes. Weniger Glück hat der Abt eines Barfüßerklosters, der sich erfrecht, dem Herrscher eine Moralpredigt zu halten, weil er ein ganzes Bojarengeschlecht ausgerottet und selbst die Säuglinge nicht geschont habe. Vlad Tepes antwortet ihm: »Ich will dir den Grund sagen. Auf halbem Wege darf man nicht stehenbleiben. Es genügt nicht, das Unkraut nur abzuhauen, man muß zu den Wurzeln vordringen, um es ein für allemal zu beseitigen. Die Kinder von heute, sind meine Feinde von morgen und würden nicht zögern, ihre Väter an mir zu rächen«. Der Abt wird gepfählt. Wegen der Unverschämtheiten, die seinem Hirn entsprungen, wird ihm der Pfahl durch den Kopf getrieben.

Ein ähnliches Schicksal erleidet ein ›frummer man‹, der den Woiwoden, der unter den Gepfählten spazierengeht, fragt, wie er es denn in diesem Gestank aushalte. Vlad Tepes dankt ihm für den Hinweis und läßt ihn auf einen besonders hohen Pfahl spießen, da oben die Luft besser sei. Ein Prediger, der es schlauer anfängt, im Gewande des biblischen Beispiels öffentlich über das Thema ›Unrecht Gut gedeihet nicht‹ nachsinnt und dabei offenkundig auf die eingezogenen Bojarenländereien anspielt, entgeht dem Pfahl trotzdem nicht. Vlad Tepes lädt ihn zum Essen – schon ein schlechtes Zeichen –, brockt heimlich etwas von seinem eigenen Brot in die Suppe des Priesters und hat ihn so

Im Kloster Cozia

›überführt‹, seinen Grundsätzen untreu geworden zu sein; schließlich hat er sich das Brot des Woiwoden ›angeeignet‹.

Was für die Bettler gilt, der Vorwurf der Unproduktivität, wendet Vlad Tepes, wenn nötig, auch im kirchlichen Bereich an. Zwei Bettelmönche, die ihn um ein Almosen bitten, bedauert er. »Ihr führt ein ärmliches Leben«, redet er sie an, worauf die Mönche erwidern, sie hofften sich dadurch das Himmelreich zu verdienen. »Würdet ihr gern dahin kommen?« fragt Vlad Tepes, und gemessen antworten die Mönche, daß sie das schon begehrten, so es Gottes Wille sei. Natürlich erbietet sich der Woiwode, dem Willen Gottes nachzuhelfen und läßt die beiden Mönche, Schmarotzer am Volksvermögen, unverzüglich pfählen.

Die Energien des Landes, die sich in Bojarenfehden, oppositionellen Haltungen, Kriminalität und Sexualität nicht mehr ›verschwenden‹ konnten, die durch Minderheiten nicht mehr irritiert, durch Barmherzigkeit nicht mehr abgelenkt wurden, setzte er zunächst im Festungsbau ein. Zwei Bauvorhaben wurden projektiert. Um die Türken bereits in der Donauebene aufzuhalten, ließ er den unbedeutenden Marktflecken Bukarest (Bucuresti) befestigen. Die Wahl des Ortes bewies strategisches Geschick. Über Bukarest führte nicht nur der Weg nach Tirgoviste, Kronstadt und Braila, sein Ausbau stellte auch eine unmittelbare Bedrohung der türkischen Donaufestungen Giurgiu und Tutrakan dar. Das zweite Bauvorhaben trug eher privaten Charakter. Am Oberlauf des Arges, in einem abgelegenen Bergtal befahl Vlad Tepes, eine Fliehburg zu errichten, die ihm in innenpolitischen Krisen einen militärischen Rückhalt sichern sollte. Nicht, daß sie besonders groß gewesen wäre, die Besatzung betrug höchstens 300 Mann, in einem Land jedoch, in dem selbst die Hauptstadt nur schwach befestigt war, bildete diese Burg, Poenari, einen ausgezeichneten Stützpunkt. Wohlproviantiert und abgelegen, dabei von Siebenbürgen nicht allzuweit entfernt, vermittelte sie Vlad Tepes das angenehme Gefühl, ein Heim zu haben. Er hatte im Fürstentum aufgeräumt, jetzt konnte er seine Aufmerksamkeit wieder den halsstarrigen Kaufleuten zuwenden. Er tat es mit umfassender Gründlichkeit.

Der Krieg machte Pause. Beide Seiten rüsteten für seine Fortsetzung. Die Rolle des lachenden Dritten übernahm Stefan, der 1458 den Kronstädtern umfassende Handelsprivilegien einräumte. Sie dankten es ihm durch vermehrte Handelstätigkeit und verschifften ihre Waren statt über die walachischen Häfen Braila und Kilia über den Moldauhafen Akkerman.

Im Frühjahr 1460 setzten die Kronstädter ihren Kandidaten Dan, der auch den Segen des ungarischen Königs hatte, in Marsch. An der Spitze siebenbürgischer Truppen und walachischer Emigranten fiel Dan in die Walachei ein. Vlad Tepes hatte Gelegenheit, sein reorganisiertes Heer, in dem die Aufgebote der Altbojaren nur noch unbedeutend waren, zu erproben. Dan wurde geschlagen und gefangengenommen. Der Woiwode gönnte ihm eine standesgemäße Todesart: er ließ ihn enthaupten. Vorangegangen war die Zelebrierung der Beerdigungsfeierlichkeiten durch die Geistlichkeit, während Dan sein eigenes Grab schaufelte.

Im April erschien Vlad Tepes im Kronstädter Bezirk. Wie im Vorjahr bezeichneten brennende Dörfer und gepfählte Menschen seinen Weg, niemand wurde geschont. Die Kronstädter begannen einzulenken. Vlad Tepes hatte sie quasi an den Verhandlungstisch gepfählt. Im Juni ersuchte er sie, ihm die walachischen Flüchtlinge, die in Kronstadt Asyl erhalten hatten, auszuliefern. Im Juli unterrichtete er den Magistrat, daß die Rüstungen, die er betreibe, nicht gegen Kronstadt, das sich nicht zu beunruhigen brauche, sondern gegen Fagaras und Amlas gerichtet seien. Es war dies gleichzeitig ein deutlicher Wink an die Hermannstädter, Vlad Calugarul, der sich dort aufhielt, endlich fallen zu lassen.

Im Juli/August bemächtigte er sich der beiden Orte und ließ die gesamte Bevölkerung pfählen. Mindestens 20 000 Tote soll diese Strafexpedition gekostet haben. Die Wiederbesiedlung der vernichteten Dörfer und Städtchen ging nur langsam vonstatten. Manche lagen bis zu 100 Jahre wüst.

Die Sachsenstädte hatten genug von solchem Krieg. Zudem funktionierten ihre Bündnisse nicht effektiv genug. Die zweite Union der ständischen Nationen (vgl. S. 31 f.), 1459 abgeschlossen, richtete sich mehr gegen die Türken und Matthias Corvinus. In den Auseinandersetzungen mit Vlad Tepes war sie wenig wirksam gewesen. Im Oktober wurde ein Friedensvertrag unterzeichnet. Kronstadt verpflichtete sich, die walachischen Emigranten gefangenzusetzen und Vlad Tepes auszuliefern. Ferner verpflichteten sich die Sachsenstädte, und die Szekler traten dem Abkommen bei, dem walachischen Woiwoden in einem

Stadtmauer von Hermannstadt (Sibiu)

Krieg gegen die Türken, die Moldau oder andere Gegner 4000 Mann zur Verfügung zu stellen, wogegen sich Vlad Tepes bereit fand, im Fall einer Bedrohung Siebenbürgens mit gleichfalls 4000 Mann einzugreifen. Außerdem stimmte er dem Passus zu, daß er jedem Feind entgegentreten wolle, der versuche, durch die Walachei nach Siebenbürgen einzudringen.

Der Vertrag überging die strittigen handelspolitischen Fragen mit Stillschweigen. Damit hatten sich die Auffassungen des Fürsten durchgesetzt. Der letzte Punkt, ein klarer antitürkischer Affront zum Vorteil der Sachsenstädte, war für Vlad Tepes kein Opfer. Das türkisch-walachische Vasallitätsverhältnis hatte schon im Spätsommer irreparablen Schaden erlitten. Der Vertrag von Kronstadt war bereits auf den Türkenkrieg kalkuliert.

Der Krieg

Die europäische Allianz. Verweigerung des Tributs. Der Offensivschlag. Wo bleiben die Verstärkungen? Guerillakrieg. Der Wald der Gepfählten. Der schöne Radu als Gegenkandidat. Ungarische Hilfe.

Im August 1458 war Enea Silvio Piccolomini als Pius II. zum Papst gewählt worden. Mit großer Energie betrieb er sein Lieblingsprojekt eines allgemeinen, wahrhaft gesamteuropäischen Kreuzzugs wider die Türken und lud zu einer großen Beratung über diesen Gegenstand nach Mantua ein. Als er dort im Mai 1459 ankam, hatte sich kein bedeutender Herrscher eingefunden; nur nach und nach langten einige Botschafter an, die aber meistens erklärten, für so weitreichende Beschlüsse, wie sie hier gefaßt werden sollten, nicht bevollmächtigt zu sein. Pius II. blieb hartnäckig und ließ trotz aller Einwände den Kreuzzug beschließen.

Auf dem Papier wirkte der Plan in der Tat imposant. Das Deutsche Reich hatte demnach 42000 Mann zu stellen, die Ungarn 20000 und der Herzog von Burgund 6000 Mann. Venedig war mit seiner Kriegsflotte dabei, und man rechnete sogar mit so exotischen Verbündeten wie den christlichen Fürsten von Georgien, die großzügig 60000 Reiter in Aussicht stellten, und dem Turkmenenfürsten Usun-Hassan, der sich in Persien ein Reich geschaffen hatte und sich zu einem gefährlichen Konkur-

Papst Pius II. (links) und Kaiser Friedrich III.

renten Mehmeds II. entwickelte. Um die Außerordentlichkeit und Ernsthaftigkeit des Unternehmens hervorzuheben, sollten Kaiser und Papst persönlich den Feldzug mitmachen.

Der kühne Plan blieb Makulatur und löste sich im Laufe des Jahres 1460 in Wohlgefallen auf. Die vom Papst als Vorkämpfer der Christenheit vorgesehenen Herrscher Friedrich III. und Matthias Corvinus stritten gerade mit Waffengewalt um die ungarische Krone, und die Venezianer erklärten, daß sie sich nur dann an einem Kreuzzug beteiligen würden, wenn alle christlichen Mächte ihn mittrügen. Die päpstliche Beschimpfung, sie seien mehr Türken als Christen, nahmen sie ungerührt zur Kenntnis.

113

Die Spannungen im christlichen Lager blieben Mehmed nicht verborgen. 1459 erschien er erstmals nach der Schlappe von Belgrad wieder in Serbien, besetzte Semendria und verwandelte das Land in eine türkische Provinz. 200 000 Menschen wurden umgesiedelt, das Land in Lehen aufgeteilt und einem türkischen Provinzgouverneur unterstellt. Zur Sicherung der Provinz verdienten die Verhältnisse in den Nachbarstaaten eine größere Aufmerksamkeit als bisher. Der bosnische Herrscher zahlte ergeben den ihm auferlegten Tribut, hingegen hatte der Woiwode der Walachei trotz seiner Vasallitätserklärung von 1456 seinen Worten keine Taten folgen lassen. Während Mehmed 1460 die eroberten griechischen Gebiete in eine türkische Provinz umwandelte, schickte er eine Gesandtschaft zu Vlad Tepes, die den Woiwoden auf seine Pflichten als Vasallenfürst deutlich aufmerksam machen sollte. Vlad Tepes fühlte sich stark genug, gar nicht erst zu verhandeln, sondern inszenierte sich als souveräner, vom Sultan unabhängiger Fürst:

»Eines Tages suchten ihn einige Abgesandte des türkischen Sultans auf. Als sie zu ihm kamen, verbeugten sie sich vor ihm, nahmen aber, ihrer Sitte gemäß, ihre Turbane nicht ab. Vlad Tepes herrschte sie an: ›Was erlaubt ihr euch derartiges gegenüber mir, einem großen Herrscher?‹ Sie antworteten: ›Herr, das ist bei uns Sitte. Auch vor dem Sultan nehmen wir unsere Turbane nicht ab.‹ – ›So will ich euch in eurer Sitte bestätigen‹, sprach Vlad Tepes und befahl, die Turbane der Abgesandten mit kleinen Nägeln auf ihren Köpfen festzunageln. Dann entließ er sie mit den Worten: ›Sagt eurem Herrn, daß er es gewohnt sein mag, solche Mißachtung von euch zu erdulden, ich aber bin es nicht gewohnt. Sagt ihm, er möge seine Sitten und Gewohnheiten in seinem Lande pflegen, aber davon Abstand nehmen, sie anderen Herrschern aufzudrängen. Geht!‹«[66]

Mehmed statuierte seinerseits ein Exempel, indem er Michael von Szilagyi, der im November bei dem Versuch, Semendria zurückzuerobern, in türkische Gefangenschaft geraten war, als gemeinen Friedensbrecher in Konstantinopel köpfen ließ. Den Onkel des ungarischen Königs ohne viel Federlesens einfach hinzurichten, war ein klarer Affront und kam einer Kriegserklärung gleich. Vlad Tepes' Unterhändler hatten in Buda leichtes Spiel. Matthias Corvinus ging mit dem Fürsten ein Bündnis ein und bekräftigte den Pakt noch dadurch, daß er ihm eine Verwandte anverlobte.

Sobald der Sultan davon erfuhr, beauftragte er seinen örtlichen Befehlshaber an der unteren Donau, Hamza Beg von Vidin, die walachischen Angelegenheiten zu regeln, und gab ihm als diplomatischen Berater einen seiner Sekretäre bei, Junus Beg, der, bevor er zum Islam konvertiert war, Katabolenos geheißen hatte, Grieche war und als gewiefter Verhandler galt. Mehmed selbst wandte sich nach Osten gegen Usun-Hassan, der es unverschämterweise gewagt hatte, von ihm Tribut zu fordern, und für Unruhe in den türkischen Fürstentümern des östlichen Anatolien sorgte.

Die Atempause, die den christlichen Staaten damit gewährt wurde, verstrich ungenutzt. Zwar verbesserte sich die Position Matthias Corvinus' gegenüber Friedrich III., doch war man von einem Frieden noch weit entfernt. Pius II. konnte auch 1461 niemand für seine Kreuzzugsideen begeistern. Der Albanerfürst Kastriota schied aus einer potentiellen christlichen Allianz aus und schloß einen Waffenstillstand mit den Türken. Sein Land war vom Dauerkrieg gänzlich erschöpft. Bosniens neuem König Stepan Tomasevic fiel nur ein, gegen die Bogumilen (vgl. S. 45) zu wüten, und er erklärte schon nach viermonatiger Regierung den politischen Bankrott. In seinem Brief an den Papst heißt es:

»Die Türken haben in meinem Königreiche mehrere Festungen erbaut und sind den Bauern gegenüber sehr freundlich. Sie versprechen, daß jeder Bauer, der sich ihnen anschließt, frei sein wird. Der beschränkte Bauernverstand merkt den Betrug nicht und vermeint, daß diese Freiheit immer dauern wird. Es kann leicht geschehen, daß das Volk, durch diese Lügen verführt, mir abtrünnig wird, wenn es nicht sieht, daß ich durch Deine Macht gestärkt bin. Auch die Magnaten, die von den Bauern verlassen wurden, konnten sich nicht lang in ihren Burgen halten. Wenn Mehmed nur mein Königreich fordern würde und nicht weitergehen wollte, dann könnte man dieses dem Schicksal überlassen und Du brauchtest nicht wegen meiner Verteidigung die übrige Christenheit zu beunruhigen. Seine unersättliche Herrschsucht kennt aber keine Grenzen. Nach mir wird er Ungarn und das den Venedigern untertane Dalmatien angreifen. Über Krain und Istrien wird er nach Italien gehen, das er unterjochen will. Auch von Rom spricht er oft und er sehnt sich dorthin.«[67]

Ein weiterer möglicher Bündnispartner, Stefan von der Moldau, brach derweil in Siebenbürgen ein und plünderte das Szeklerland, da dort sein Feind Peter Aron Asyl gefunden hatte.

So konnte Vlad Tepes mit einiger Sicherheit nur mit Matthias Corvinus und den Sachsenstädten rechnen, als sich Katabolenos ansagte. Der Sekretär bot dem Woiwoden die Verzeihung des Sultans, wenn er sich entschließe, mit dem ausstehenden Tribut, 10000 Dukaten und 500 Knaben, persönlich am Sultanshof zu erscheinen. Außerdem müsse er das Bündnis mit Ungarn widerrufen und auf die geplante, ihn mit der ungarischen Königsfamilie verbindende Heirat verzichten. Die Forderungen bedeuteten eine eindeutige Verschärfung der Vasallitätsbedingungen, einen Eingriff in die Souveränität des Fürstentums. Bisher hatte sich die Walachei dem Dewschirme-System entziehen können. Vlad Tepes lehnte rundweg ab. Er habe zwar das Geld zur Verfügung, wolle es aber so wenig wie die Knaben an den Sultanshof senden. Er selbst sei auch nicht reiselustig. Katabolenos zeigte keine Verstimmung, sondern bat den Fürsten bescheiden, daß, wenn er ihm schon alles abschlage, er ihm doch wenigstens bis zur Grenze das Geleit geben möge. Vlad Tepes hatte zu lange am Sultanshof gelebt, um auf diesen Leim zu gehen. Die Truppe, die er mitnahm, um Katabolenos zu ›geleiten‹, war dementsprechend groß.

»Mehmed hatte dem Beg von Vidin, Hamza, befohlen, den Vlad durch List oder Gewalt in seine Hände zu liefern. Dies wollte Hamza im Einverständnis mit dem griechischen Sekretär bewirken. Der Sekretär ließ sich von Vlad auf der Rückreise das Geleit geben, und meldete dem Hamza die Zeit der Abreise und den Ort des Zusammentreffens. Der Überfall gelang, allein Vlad setzte sich nicht nur zur Gegenwehr, sondern focht auch so glücklich, daß Hamza fliehen mußte. Er ward ergriffen und mit allen gefangenen Türken zuerst der Hände und Füße durch Abhauen beraubt, dann auf den Pfahl gezogen, doch mit dem Unterschied, daß Hamza auf den höchsten gezogen ward. Dies geschah auch mit darum, daß sich seine Leute daran spiegeln sollten: so sollte es ihnen ergehen, wenn sie ihrem Herrscher nicht treu bleiben wollten.«[68]

Damit nicht genug blieb Vlad Tepes den Truppen des Hamza so dicht auf den Fersen, daß die Tore der Festung Giurgiu, die den fliehenden türkischen Reitern geöffnet wurden, nicht mehr rechtzeitig geschlossen werden konnten. Vlad Tepes ließ die Stadt niederbrennen.

Die Hiobsbotschaft traf Ende 1461 in Adrianopel ein, wo sich Mehmed nach seinem in allen Punkten erfolgreichen Feldzug gegen Usun-Hassan aufhielt. Der Sultan bekam einen Wutanfall und verprügelte eigenhändig den Unglücksboten. Sein Zorn steigerte sich noch, als er von den weiteren Taten des walachischen Woiwoden erfuhr.

Noch im Winter war Vlad Tepes zur Offensive übergegangen, setzte auf das südliche Donauufer über und griff auf breiter Front die türkischen Stellungen an. Seine Truppen warfen die Türken aus fast allen Donaufestungen heraus. An der ganzen

Standbild des Matthias Corvinus in Klausenburg (Cluj Napoca)

unteren Donau hielten sich nur Nikopolis und Vidin. An beiden vorbei drang der Woiwode tief ins bulgarische Gebiet ein, in der Absicht, durch einen breiten Streifen der Vernichtung, die sogenannte ›Taktik der verbrannten Erde‹, den unweigerlich kommenden türkischen Rachefeldzug zu behindern. Am 11. Februar 1462 erstattete er Matthias Corvinus einen ausführlichen Bericht, der sich vor allem durch eine grausame buchhalterische Genauigkeit auszeichnet. Um die Wahrheit seiner Ausführungen zu bekräftigen, fügte Vlad Tepes dem Schreiben zwei Säcke mit abgeschnittenen Ohren, Nasen und Köpfen bei.

»Ich tötete Mann und Frau, alt und jung, von Oblucitza und Novoselo, wo sich die Donau ins Meer ergießt, bis nach Samovit und Ghigen. Wir töteten 23 884 Türken und Bulgaren ohne diejenigen zu zählen, die wir mitsamt ihren Häusern verbrannten oder deren Köpfe von unseren Soldaten nicht abgeschlagen wurden. (...) 1350 in Novoselo, 6840 in Silistria, 343 in Orsova, 840 in Vectrem, 630 in Tutrakan, 210 in Marotim, 6414 in Giurgiu, 343 in Turnu, 410 in Sistov, 1138 bei Nicopolis, 1460 in Rahovo. (...)

Zieht nun Euer Heer zusammen, Eure Reiterei und Eure Fußtruppen, kommt in unser Land und kämpft mit uns. Falls Eure Hoheit verhindert ist, persönlich zu Hilfe zu eilen, sei Sie gebeten, Ihr Heer nach Transsylvanien zu senden... und falls Eure Majestät auch dies nicht wollen, dann sendet soviel Ihr wollt; vor allem aber wirkt auf die Siebenbürger und Szekler ein. Und wenn Eure Hoheit gewillt ist, Hilfe zu leisten, dann möge Sie nicht damit zögern...

Laßt uns gemeinsam vollenden, was wir begonnen haben und diese Angelegenheit zur Entscheidung bringen. Denn wenn Gott der Allmächtige die Gebete und Bitten der Christenheit erhört, wenn er die Gebete seiner armseligen Diener günstig aufnimmt, wird er uns den Sieg über die Ungläubigen, über die Feinde des Kreuzes schenken.«[69]

Ähnlich lautende Schreiben erhielten der venezianische Gesandte in Ungarn, der Papst, der polnische König und Stefan von der Moldau. Im März erklärte Matthias Corvinus nun zur Hilfe herbeieilen zu wollen, ansonsten ernteten die Briefe bestenfalls unverbindliche Sympathieerklärungen. Wirkliche Erleichterung und Freude löste Vlad Tepes' Angriff aber bei den Bosniern und den Rittern von Rhodos aus, die für 1462 mit einem türkischen Feldzug fest gerechnet hatten. Nun konnte man beruhigt sein; der Blitz würde ins Nachbarhaus einschlagen.

In der Tat war Mehmed nicht gesonnen, sich solche Provokationen bieten zu lassen. Sein Prestige stand auf dem Spiel. Durfte er, der Weltenherrscher, zusehen, wie ein kleiner christlicher Fürst in türkische Provinzen einfiel, die Einwohner massakrierte und seine Gesandten pfählte? Mehmed entschloß sich, den Feldzug in eigener Person anzuführen. Das 100 000-Mann-Heer, das er zusammenzog, war nicht nur auf die endgültige Unterwerfung der Walachei hin berechnet, die der Sultan wahrscheinlich in eine Provinz verwandeln wollte, sondern sollte, den Feldzug seines Vaters Murad vom Jahre 1438 wiederholend, bis nach Siebenbürgen vorstoßen.

Im April brachen die Türken auf. Die Masse des Heeres marschierte auf dem Landweg durch Bulgarien nach Norden. Ein anderer Teil, bei dem sich der Sultan befand, segelte auf einer Flotte in die Donau ein. Mehmeds früherer Favorit, Radu der Schöne, begleitete ihn. Radu war als neuer Woiwode vorgesehen und brachte diejenigen Walachen mit, die sich vor dem ›Reformprogramm‹ seines Bruders durch Flucht an den Sultanshof gerettet hatten. Im Mai vereinigten sich die türkischen Truppen bei Nicopolis. Stefan von der Moldau wurde als türkischer Vasall, der er nominell war, zur Heeresfolge aufgefordert.

Seit 1460, seitdem er den Tribut verweigert hatte, ging Vlad Tepes davon aus, daß ein türkischer Angriff erfolgen würde. Seine Antibojarenpolitik gab ihm zwar die Mittel, in größerem Umfang als bisher Truppen zu besolden und die freien Bauern

Türkische Galeere

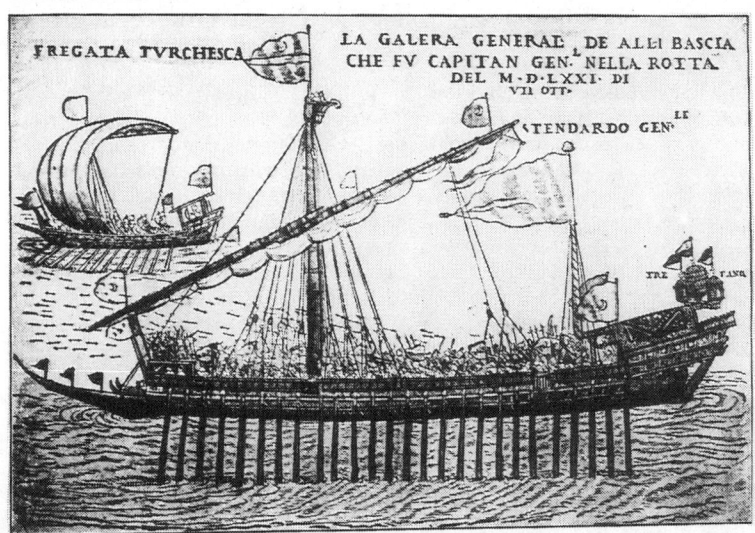

zum Heeresdienst heranzuziehen, dennoch war die militärische Leistungskraft des Fürstentums selbstverständlich begrenzt und konnte niemals mit den türkischen Kriegsrüstungen konkurrieren. Ebendeshalb hatte er das Bündnis mit Ungarn gesucht. Matthias Corvinus kam nicht. Der König war vollauf beschäftigt, die Feindseligkeiten mit Friedrich III. endgültig beizulegen, und verhandelte nebenher intensiv mit dem bosnischen König über einen Bündnisvertrag und die Abtretung strittiger Gebiete an Ungarn. Statt seiner, befahl er, sollten die Siebenbürger Vlad Tepes mit Truppen unterstützen, was diese jedoch nicht taten. Somit war das Fürstentum auf sich allein gestellt und konnte selbst sehen, wie es mit den Türken fertig wurde. Vlad Tepes hatte immerhin 20000 Mann aufgeboten; in der Mehrzahl freie Bauern, ansonsten Neuadlige, die ihm Besitz und Rang verdankten. Was von den alten Bojarenfamilien noch am Leben war, hielt sich aus verständlichen Überlegungen abseits. Als einzige sinnvolle Widerstandsstrategie bot sich an, die Stärke des türkischen Heeres nicht zur Entfaltung kommen zu lassen, vielmehr dafür zu sorgen, daß der Koloß über seine eigenen Füße stolperte. Daß dies mit disziplinierten Truppen möglich war, demonstrierte Kastriota seit 18 Jahren.

Die Absicht des Sultans war es, die Donau zu überschreiten, Aufgabe Vlad Tepes' mußte es sein, eben das zu verhindern. Ein am Kampf beteiligter Janitschar schrieb einen Augenzeugenbericht:

»Als wir in Nikopol am Ufer der Donau lagen, während der Woiwode Drakula mit seinem Heer am anderen Ufer uns die Überfahrt wehrte, sprach der Sultan zu seinen Janitscharen: ›Meine lieben Hammelchen, was mein ist, ist auch euer, und besonders meine Schätze. Ratet mir nun, denn das geziemt euch, wie ich auf die andere Seite gegen meinen Feind übersetzen könnte.‹ Sie entgegneten ihm: ›Glücklicher Herr, laß einige Schiffe herrichten. Wir werden bei Nacht unsere Gurgeln wagen, um auf die andere Seite zu gelangen.‹ Da befahl der Sultan, ihnen 80 große ausgerüstete Schiffe und anderes Kriegsgerät, Büchsen, Haubitzen, Kartaunen und Bombarden zu geben. Als die Nacht angebrochen war, setzten wir uns in die Schiffe und ließen uns schnell flußabwärts treiben, so daß weder Ruderschlag noch Menschenstimme zu hören war. Wir erreichten das andere Ufer etwa 100 Schritt unterhalb der Stelle, wo ihr Heer lag. Dort schlossen wir uns mit Wall und Graben ein, brachten die Geschütze in Stellung, umgaben uns ringsum mit Schilden und pflanzten Spieße um uns herum auf, damit uns die Reiterei nichts anhaben konnte. Danach fuhren die Schiffe wieder auf die andere Seite und setzten alle Janitscharen zu uns über.
Wir stellten uns in Schlachtordnung auf und rückten langsam mit Spie-

ßen, Schilden und Geschützen gegen das feindliche Heer vor. Als wir auf ziemliche Nähe herangekommen waren, hielten wir an und stellten die Geschütze auf. Aber bis es dazu kam, hatten sie uns schon 250 Janitscharen mit ihren Geschützen getötet. Der Sultan, der von der anderen Seite den Gang der Schlacht verfolgte, bedauerte sehr, mit seinem Heer nicht zu Hilfe kommen zu können. Und es befiel ihn eine große Angst, daß man ihm alle Janitscharen erschlüge. Als wir sahen, daß so viele von uns umkamen, machten wir uns schnell schußbereit, und da wir 120 Haubitzen hatten, gaben wir sogleich mehrmals Feuer, und es gelang uns, ihr ganzes Heer vom Platze zu treiben. Danach rüsteten wir uns besser und mit mehr Umsicht. Der Sultan entsandte ein zweites Fußvolk – man nennt es Asaben... –, dieses sollte so schnell wie möglich zu uns übersetzen. Als Drakula sah, daß er die Überfahrt auf keine Weise zu verhindern vermochte, zog er von uns ab.«[70]

In nuce finden wir hier alle Momente der türkischen Überlegenheit zusammengefaßt. Die Existenz einer Flotte macht den Übergang möglich, die Janitscharen errichten sofort eine sturmfeste provisorische Befestigung, die sie mit Kanonen verstärken. Der erfahrene Vlad Tepes, dem die türkische Kampfesweise nur allzugut vertraut ist, greift das Lager mit seinen Truppen nicht an. Er wartet ab, bis die Janitscharen in offenkundiger Unterschätzung des Gegners die Offensive ergreifen und setzt seinerseits Kanonen ein. Damit hat er zunächst Erfolg. Als er jedoch sieht, daß die überlegene Feuerkraft der Janitscharen seine Truppen mehr und mehr demoralisiert und er die Verstärkungen nicht verhindern kann, zieht er ab. Er will dem Sultan keine Schlacht liefern, keine Niederlage riskieren, die dann seine letzte wäre, da er über keine Reserven verfügt, sondern sein kleines Heer intakt halten. – Das Gefecht wird auf den 4. Juni datiert.

Der Woiwode verschwand mit seinen Truppen in den unzugänglichen Eichenwäldern der Donauebene. Der türkische Vormarsch passierte nur menschenleeres Gebiet. Auf Vlad Tepes' Weisung war die Bevölkerung in die Wälder und Berge geflüchtet und hatte Vieh und Lebensmittel mitgenommen. Was zurückblieb wurde verbrannt, die Brunnen unbrauchbar gemacht, die Häuser zerstört. Der Sommer war glühend heiß. Das türkische Heer mußte in ›gedrängten Reihen‹, das heißt in ständiger Gefechtsbereitschaft marschieren. Dauernd war mit Überfällen aus dem Hinterhalt zu rechnen. Kleinere Trupps, die nach Lebensmitteln Ausschau hielten, wurden von den allgegenwärtigen Kriegern des Woiwoden abgefangen und getötet.

»Sechs Meilen Weges war kein Tropfen Wasser zu finden, und es war so heiß, daß die Erde wie Feuer brannte, und das Eisen schien sich wie Wachs zu erweichen, und das Herz der Krieger brannte von großer Hitze und Durst.«[71]

Eines Nachts schlug Vlad Tepes überraschend zu. Er selbst, heißt es, habe das türkische Lager ausspioniert, was nicht abwegig ist, da Grausamkeit Tapferkeit nicht unbedingt ausschließt. Überhaupt scheint es, als habe der Woiwode sein Leben nicht geschont und mit Schwert und Bogen nicht ungeschickt hantiert.

Mit 7000 Mann greift er das türkische Lager an, überrennt die anatolischen Truppen in der Absicht, zum Zelt des Sultans durchzubrechen. In der Dunkelheit verfehlt er jedoch sein Ziel und gerät irrtümlich an das Zelt des Großwesirs. Mühsam organisieren die Türken die Abwehr. Als der Kampf im Morgengrauen abgebrochen wird, haben die Türken schwere Verluste erlitten. Die Walachen kommen relativ glimpflich davon. Die nachsetzenden Akindschis stoßen ins Leere.

»Chalcocandylas erzählt bey dieser Gelegenheit ein Beyspiel, wie eingreifend des Vlad Schreckensregierung gewesen. Als man in der Nacht einen Walachen gefänglich einbrachte, ließ ihn der Sultan zu Rede und Antwort ziehen. Auf die gewöhnlichen Fragen wegen seines Namens, Geburts-Orts u. d. gl. antwortete er willig. Auf die weiteren Fragen aber von der Stärke, Lage etc. der Vladschen Armee antwortete er auch, nach der ihm bedeutenden Drohung des Todes nichts, indem er den Tod nicht so sehr, als seinen Fürsten Vlad fürchtete. Mehmed ließ ihn nun wirklich hinrichten, äußerte sich aber dabey ganz in Gemäßheit der gewöhnlichen orientalisch-despotischen Grundsätze, daß ein Mann, wie Vlad, der so viel Furcht unter seine Untertanen zu bringen gewußt habe, an der Spitze einer großen Armee Wunderdinge hätte ausrichten können.«[72]

Dem Grundsatz ›Oderint dum metuant‹ (mögen sie mich hassen, wenn sie mich nur fürchten), dem Lieblingswort des Caligula, zum Durchbruch zu verhelfen, wenn es galt, den Kampfgeist zu stärken, war auch das folgende Mittel gut, das Vlad Tepes nach dem Gefecht anzuwenden pflegte. Verwundete, die ihre Wunden vorn trugen, wurden belohnt, diejenigen, die eine schmachvolle Rückenwunde empfangen hatten, auf der Stelle gepfählt. Das Verfahren mochte die Disziplin verbessern, trug aber zur Beliebtheit des Fürsten nichts bei.

Mehmed, dem dieser Krieg immer weniger behagte, verfolgte weiter die Richtung auf Tirgoviste. Seinen Gegner nahm er nun bitter ernst. Das Lager wurde jetzt jedesmal befestigt, der

Der Hauptturm von Tirgoviste

Marsch unter größten Vorsichtsmaßregeln durchgeführt. Kurz bevor Mehmed die Hauptstadt des Fürstentums erreichte, passierte er den ›Wald der Gepfählten‹. Hingerichtete Gegner des Fürsten, Türken, Bulgaren, Deutsche, Ungarn und Bojaren waren hier demonstrativ zur Schau gestellt, um etwaige Opponenten abzuschrecken.

»Noch vor der Residenz auf einem weiten ebenen Feld, 17 Stadien (griech. Längenmaß, 176,6 Meter, Anm. d. Verf.) lang, 7 breit, traf er den Leichnam des Hamza an, dann einen Wald von Pfählen, worauf gegen 20 000 Mann steckten. Unter diesen Schlachtopfern des Despotismus befanden sich Säuglinge von der Mütter Brüsten weggerissen, in deren Unterleibe jetzt die Vögel nisteten. Der Anblick erweckte selbst bey den wilden Türken Grausen und Entsetzen. Mehmed äußerte sich noch einmal, ein Mensch, der mit seinen Unterthanen so grausam umgegangen wäre, ohne daß ihn jedoch diese verließen, müsse die orientalische Kunst, durch Schrecken zu herrschen, wohl verstehn, und sey nicht so leicht vom Fürstenstuhl abzusetzen: zugleich aber erklärte er zur Ehre seines nicht ganz verdorbenen Herzens, einen solchen Schreckensmann könne er auch gar nicht schätzen.«[73]

Die Einnahme Tirgovistes brachte keine Entscheidung. Die Stadt war geräumt, die Tore offen, die Bevölkerung geflohen. Die türkische Kriegsmaschine mahlte leer. Es gab keinen Feind, gegen den man die Kanonen richten konnte, keinen, der sich an den Janitscharen versuchte, es gab weder Städte noch Festungen, die den Besitz des Landes verbürgten; und immer dringlicher wurde das Nahrungsproblem.

In dieser mißlichen Situation griff Stefan ein. Freilich kümmerte er sich wenig um den Ruhm, als jemand in die Geschichte einzugehen, der Seite an Seite mit den Rumänen der Walachei den Türken die Stirn geboten hatte. Seine Überlegungen waren nicht idealistisch, sondern rein praktisch. Das türkische Heer zu schlagen, traute er Vlad Tepes nicht zu; was lag näher, als sich aus der Konkursmasse zu bedienen und das strategisch wichtige Kilia zu besetzen? Das lag auch im Interesse des eigenen Fürstentums. War Vlad Tepes geschlagen, würde die Moldau in die vorderste Front der türkischen Expansion geraten. Da galt es vorzusorgen.

Vlad Tepes geriet zunehmend unter Druck. Die Siebenbürger kamen nicht, ebnesowenig die Ungarn, nun hatte er noch Stefan auf dem Hals. Sein Bruder Radu warb im Lande um Anhänger. Vlad Tepes teilte seine Truppen. Mit 10 000 Mann brach er gegen Stefan auf, erreichte Kilia noch rechtzeitig und schlug den moldauischen Woiwoden in die Flucht. Dem gegen die Türken operierenden zweiten Heeresteil hatte Vlad Tepes eingeschärft, die bisher verfolgte Guerillataktik fortzusetzen und sich keinesfalls auf eine Schlacht einzulassen. Der gute Rat wurde nicht in vollem Umfang befolgt. Mehmed gelang es, die Walachen in ein größeres Gefecht zu verwickeln, in dessen Verlauf er 2000 Gefangene machte; sie wurden sämtlich geköpft. In diesem Krieg gab es auf beiden Seiten keine Schonung.

Der kleine Sieg verschaffte Mehmed Luft. Die Guerillaaktivitäten nahmen ab. Die Akindschis durchstreiften das Land und machten Beute. Dennoch brach Mehmed den Feldzug ab. Wie unsicher er sich fühlte, illustriert sein vorsichtiger Rückzug. Die Nachhut kommandierte sein bester Unterführer. Am 11. Juli war Mehmed wieder in Adrianopel.

Die türkischen und die eigenen Interessen vertrat Radu, dem der Sultan genügend Truppen gelassen hatte, um sich zu behaupten. Nicht nur die Vlad Tepes feindlichen Bojaren gingen zu ihm über. Das Land war insgesamt erschöpft, von Vlad Tepes und den Türken verwüstet. Radu garantierte ein gutes Auskommen mit dem Sultan, das war entscheidend und im Augenblick attraktiver als die ›Law and Order‹-Politik seines Bruders. Im August wurde Radu zum neuen Woiwoden ausgerufen. Vlad Tepes hielt sich mit den Resten seines Heeres noch immer. Ungeduldig hoffte er auf den ungarischen König, der sich erst jetzt mit seinem Heer in Bewegung setzte. Mitte September erreichte Matthias Corvinus die Stadt Turda, Anfang November traf er endlich in Kronstadt ein. Vlad Tepes begab sich sofort zu ihm.

Wer hatte den Krieg gewonnen? Mehmed konnte immerhin behaupten, ihn nicht verloren zu haben, sein Kandidat Radu war im Fürstentum halbwegs anerkannt. Bei einer allgemeinen Gesamtrechnung aber mußte ihn das Ergebnis des Feldzugs verstimmen. Die Walachei behielt ihren autonomen Status, nach Siebenbürgen, geschweige denn nach Ungarn hatte er nicht vorstoßen können. Ein paar Festungen und einige Rinderherden waren die einzigen handgreiflichen Resultate; der Preis dafür, die Verluste im türkischen Heer, war eindeutig zu hoch.

Ganz sicher verloren hatte der walachische Woiwode. Sein außenpolitisches Konzept war gescheitert. Es baute auf Bündnissen, die sich nicht realisierten. Sein zäher Widerstand, seine den Türken schwer zusetzende Guerillataktik hätte ihm vielleicht doch ein politisches Überleben ermöglicht, hätte nicht Stefans

Mars regiert die Stunde; Figurenspiel am Stundenturm von Schäßburg (Sighisoara)

Angriff ihn gezwungen, seine ohnehin unzureichenden Kräfte aufzusplittern. Als weiterer Faktor wirkte sich aus, daß das türkische Heer geschwächt, aber nicht besiegt war. Die Drohung eines Wiederholungsfeldzugs im nächsten Jahr, mit der Radu werbewirksam umging, war durchaus real und erhöhte seine Anhängerschaft beträchtlich. Entscheidend aber war, daß Vlad Tepes zur Durchsetzung seiner innen- und außenpolitischen Ziele das Instrument des politischen Terrors in einer Weise eingesetzt hatte, die ihn letztlich auch von denjenigen isolierte, die er als Basis seiner Macht unbedingt brauchte. Die Zahl seiner Opfer wird auf 40 000 bis 100 000 Menschen geschätzt.

Matthias Corvinus war es, der vom schwankenden Ausgang des Krieges profitierte. Sein Nichteingreifen erwies sich als die beste Politik. Stefan, der sein Fürstentum seit 1458 dem polnischen König unterstellt hatte und damit und durch seinen Einfall nach Siebenbürgen die Ungarn tief verärgert hatte, stand als Türkenfreund und erfolgloser Feldherr da. Ebenso war die Gefahr beseitigt, daß ein allzu starkes Fürstentum der Walachai eine Bedrohung für das ungarische Siebenbürgen darstellen könnte. Eine europäische Dimension aber erhielt das Jahr 1462 dadurch, daß mit diesem Feldzug der zweite Versuch Mehmeds, das ungarische Königreich entscheidend zu schlagen, gescheitert war. Vlad Tepes zweifelte nicht daran, daß sein königlicher Verwandter ihm diese Waffentat, die mit dem glorreichen Entsatz Belgrads durchaus zu vergleichen war, honorieren würde.

Exkurs:
Grausamkeit im Spätmittelalter

War Vlad Tepes ein sadistischer Psychopath? Unsitten im Kriege. Gängige Rechtsvorschriften. Die Inquisition. Juden und Zigeuner.

Sowohl in den deutschen als auch in den russischen und rumänischen ›Dracula‹-Überlieferungen finden sich Belege dafür, daß Vlad Tepes seinen Grausamkeiten mit Lust und Liebe nachging. Dabei treten allerdings wesentliche Unterschiede auf. Die deutschen Handschriften (ab 1462), Beheims Gedicht (1463) und die nachfolgenden Flugblattdrucke (nach 1476) sehen seine Exekutionsorgien disfunktional und absolut willkürlich, in den russischen Handschriften dagegen (ab 1482) betont der Verfasser, daß Vlad Tepes zwar grausam und hart, aber gerecht gewesen sei; er ist der Ansicht »der Selbstherrscher müsse, um in seinem Lande das Verbrechen und alles ›Böse‹ auszumerzen, selbst grausam hart sein.«[74]

Die unterschiedliche Interpretation resultiert aus unterschiedlichen Intentionen. Der deutsche Verfasser, der seine Informationen aus Siebenbürgen bezog, zeichnet, entsprechend den gespannten Beziehungen zwischen Vlad Tepes und den Sachsenstädten, ein Bild des Fürsten, in dem ein Sinngehalt seiner blutigen Taten kaum angedeutet wird. Sie erscheinen beliebig, durch nichts legitimiert, einzig seiner bösartigen Charakterstruktur geschuldet. Dem korrespondiert die ausführliche Schilderung der von Vlad Tepes neben seiner Lieblingsmethode, dem Pfählen, angewandten Hinrichtungs- und Folterarten als da sind Enthaupten, Abschneiden von Nasen, Ohren, Sexualorganen und Lippen, Blenden, Erdrosseln, Hängen, Verbrennen, Kochen, Häuten, Rösten, Zerhacken, Annageln, Lebendigbegraben, Erstechen, den wilden Tieren vorwerfen, die Opfer durch Falltüren auf Pfähle fallen lassen, sie zwingen Menschenfleisch zu essen, aufs Rad flechten, mit glühenden Eisen peinigen, die Fußsohlen mit Honig oder Salz beschmieren und von Tieren ablecken lassen. Unsicher ist, ob die penible Ausbreitung der Scheußlichkeiten, die durch Beheims Verse nicht gemildert wird, eher im Gegenteil, nicht noch dadurch befördert worden ist, daß zum einen die Sachsenstädte ein starkes propagandistisches Interesse an einem absolut negativen Bild Vlad Tepes' hatten, zum anderen dem reichlich blutrünstigen Lesergeschmack der Zeit durch ein möglichst ausgesuchtes Repertoire des Grauens Tribut gezollt wurde.

Wäre also Vlad Tepes das »Opfer deutscher Siedler«[75], gerufmordet von einer übelwollenden Presse, die kein gutes Haar an ihm ließ? Ein rumänischer Biograph des Fürsten formulierte:

»Was die Grausamkeit des Fürsten anbetrifft, kann diese nur verstanden werden, wenn man sie zu seiner Epoche und den Zielen seiner Politik in Beziehung setzt. Die zeitgenössischen Herrscher, angefangen mit Ludwig XI., dem König von Frankreich, bis hin zu Mehmed II., dem großen Türkensultan, haben ebenfalls die Grausamkeit als Waffe gegen ihre Gegner benutzt. Vlad Tepes tat nichts anderes, als die Methoden seiner Zeit anzuwenden und übertraf in puncto Grausamkeit keineswegs seine Zeitgenossen.«[76]

Die Methoden der Zeit waren tatsächlich grausam und nahmen auf Menschenleben wenig Rücksicht. Ohne große Schwierigkeiten vermag man an Ludwig XI., geboren 1423 und von 1461–1483 König von Frankreich, ähnliche Züge entdecken. Dem König, »klug, fleißig und gerecht«, war dort, wo die Interessen seiner Macht, die Begründung einer starken Zentralgewalt auf dem Spiel stand, jedes Mittel recht, um den hochadeligen Widerstand zu brechen. Man munkelte, er habe den Tod seines Vaters beschleunigt und seinen Bruder mit Gift ums Leben gebracht. Nach seiner Machtergreifung ging er rigoros gegen jeden vor, der die neue herausgehobene Stellung seines Königtums nicht akzeptieren wollte. So ließ er 1472 einen Verräter durch Begießen der Augen mit kochendem Wasser blenden und, als das mißlang, durch zwei Bogenschützen das ›Werk‹ vollenden. Den des Hochverrats überführten Kardinal La Balue sperrte er elf Jahre in einen Käfig, den dieser selbst ersonnen hatte, allerdings wohl kaum für den Eigengebrauch. Dessen Konstruktion erläuterte Philippe de Commynes, der vertraute Berater Ludwigs XI. in seinen Memoiren:

»Wahr ist es, daß der König, unser Herr, schreckliche Gefängnisse errichtet hat, Eisenkäfige und andere aus Holz, innen und außen mit Eisenplatten bedeckt, mit schrecklichen Verschlüssen, acht Fuß in der Breite und einen Fuß über mannshoch.«[77]

Mehmed II. ließ auf seinem Griechenland-Feldzug von 1460 die 300köpfige Besatzung einer Burg, die unverschämterweise Widerstand leistete, niedermetzeln und ihren Hauptmann zersägen. Den Bewohnern der Stadt Gardiki sicherte er freien Abzug, brach aber sein Wort. Die 6000 Einwohner wurden zusammengetrieben, an Händen und Füßen gefesselt und zu Tode gefoltert. Durch das Exempel erschreckt, ergaben sich daraufhin die meisten Städte ohne Kampf. Der Sultan sah sich in seiner Politik bestätigt. 1464, gleichsam als Gegenstück zu den Grausamkeiten Vlad Tepes', gab er Befehl, die gesamte männliche Bevölkerung zweier eroberter albanischer Festungen zu pfählen.

Als er nach der Eroberung Konstantinopels ein Festmahl hielt, flüsterte man ihm zu, der 14jährige Sohn des Lukas Notaras (vgl. S. 83) sei berühmt wegen seiner Schönheit. Der bereits stark angetrunkene Sultan gab einem Eunuchen Anweisung, ihn sofort herbeizuschaffen. Notaras weigerte sich.

>>Mein Kind<, sagte er zu dem Eunuchen, >wird nie den schändlichen Lüsten Deines Herrn dienen! Lieber will ich mit allen den Meinigen sterben, als daß ein solcher Makel meine Familie treffen soll!<<[78]

Mehmed ließ beide enthaupten. Die Aufzählung fortzusetzen, fiele nicht schwer; erwähnt sei nur noch eine Parallele zu der von Vlad Tepes angeordneten Hinrichtung des Hauptmanns, der Zeiden nicht erobern konnte (vgl. S. 102). 1476 ließ Mehmed 200 Janitscharen schimpflich ertränken, da sie die ihnen anvertraute Festung Schabatz nicht bis zum letzten Mann gehalten hatten.

Bezogen auf die Art und Weise des Kriegführens im 15. Jahrhundert hat George Bataille von der »Alltäglichkeit der Metzeleien« gesprochen und als zeitgenössischen Kommentator den Erzbischof von Reims, Juvenal de Ursins, zitiert:

»... wenn die Soldaten in einem Dorf den nötigen Proviant suchten, nahmen sie Männer, Frauen und kleine Kinder, ohne Unterschied in Alter und Geschlecht; sie taten den Frauen und Mädchen Gewalt an; sie töteten die Gatten und Väter in Gegenwart der Frauen und Töchter; sie nahmen die Nahrungsmittel an sich und ließen die kleinen Kinder Hungers sterben; sie nahmen die schwangeren Frauen, fesselten sie, und in ihren Fesseln kamen sie nieder, die Neugeborenen ließ man ohne Taufe sterben, dann warfen sie Mutter und Kind in den Fluß, sie nahmen Priester, Mönche, Männer der Kirche, Arbeiter, sie fesselten sie mehrfach und schlugen die so Gepeinigten, einige von ihnen starben verstümmelt, andere außer sich und von Sinnen... Man... kerkert ein..., man legt in Eisen..., in Gruben, an ekelerregenden Orten voller Unrat überläßt man sie dem Hungertod. Viele sterben dort. Und Gott weiß, wie grausam sie behandelt wurden! Man röstet die einen, reißt anderen die Zähne aus, wieder andere werden mit dicken Stöcken geschlagen, nie läßt man sie frei, wenn sie nicht mehr Geld geben, als sie besitzen...«[79]

Als 1415 bei Azincourt der englische König Heinrich V. in einer kritischen Phase der Schlacht die Niedermetzelung mehrerer tausend gefangener französischer Adliger befiehlt, murren seine Soldaten vor allem deswegen, weil ihnen das erhoffte Lösegeld entgeht. Um keine Anglophobie aufkommen zu lassen: Die Franzosen hatten vor der Schlacht gedroht, das englische Heer, das wider ritterliche Regeln in der Hauptmasse aus Bauern bestand, vollständig zu massakrieren.

Jedes Land kann mit derartigen Beispielen aufwarten. Als der ungarische Adel nach dem Tode Matthias Corvinus' dessen stehendes Heer nicht mehr braucht, das überdies immer lauter nach dem ihm zukommenden Sold ruft, überfällt er es und macht von 8000 Mann 6000 nieder. Die Überlebenden flüchten nach Österreich, plündern und rauben und werden schließlich von Friedrich III. zur Strecke gebracht. 1200 enden am Galgen. Ob Karl der Kühne auf seinem Feldzug gegen die Schweizer die Besatzung von Bern ertränken oder erhängen läßt (1476) oder die Venezianer im Türkenkrieg ihren ›stratioti‹ genannten Freischärlern für jedes abgeschnittene Haupt eines Feindes einen Dukaten bezahlen, findet kaum ein Zeitgenosse besonders grausam.

»Die Entladung der Affekte im Kampf... war offen und ungebunden... verglichen mit dem Standard der neueren Zeit. In dieser werden Grausamkeit, Lust an der Zerstörung und Qual von anderen ebenso, wie die Bewährung der körperlichen Überlegenheit mehr und mehr unter eine starke, in der Staatsorganisation verankerte, gesellschaftliche Kontrolle gestellt. (...) Das Leben in der mittelalterlichen Gesellschaft drängte in die entgegengesetzte Richtung. Raub, Kampf, Jagd auf Menschen und Tiere, das alles gehörte hier unmittelbar zu den Lebensnotwendigkeiten, die dem Aufbau der Gesellschaft entsprechend offen zutage lagen. Und es gehörte demgemäß auch für die Mächtigen und Starken zu den Freuden des Lebens. (...)

Krieg, das ist...: als Stärkerer über den Feind kommen, seine Weinstöcke abhauen, seine Bäume ausreißen, sein Land verwüsten, seine Burgen im Sturm nehmen, seine Brunnen verschütten, seine Leute fangen und töten. Es ist eine besondere Lust, Gefangene zu verstümmeln. (...)

Abgesehen von einer kleinen Elite, gehörte, wie Luchaire, der Historiker der französischen Gesellschaft des 13. Jahrhunderts feststellt, Rauben, Plündern, Morden durchaus zum Standard der Kriegergesellschaft dieser Zeit, und es spricht kaum etwas dafür, daß es sich in anderen Ländern oder in den folgenden Jahrhunderten anders damit verhielt. Die Grausamkeitsentladung schloß nicht vom gesellschaftlichen Verkehr aus. Sie war nicht gesellschaftlich verfemt. Die Freude am Quälen und Töten anderer war groß, und es war eine gesellschaftlich erlaubte Freude. Bis zu einem gewissen Grade drängte sogar der gesellschaftliche Aufbau in diese Richtung und machte es notwendig, ließ es als zweckmäßig erscheinen, sich so zu verhalten.

Was zum Beispiel sollte man mit Gefangenen tun? Es gab wenig Geld in dieser Gesellschaft. Gegenüber Gefangenen, die zahlen konnten, Standesgenossen noch dazu, hielt man sich bis zu einem gewissen Grade zurück. Aber die anderen? Sie behalten, hieß sie ernähren. Sie zurückschicken, hieß die Kriegsmacht und den Reichtum des Feindes stärken. Denn Untergebene, arbeitende, dienende, fechtende Hände waren ein Teil des Reichtums der Oberschicht in dieser Zeit. Man konnte sie töten oder so verstümmelt zurückschicken, daß sie für Kriegsdienste und Arbeit untauglich waren. Ähnlich verhielt es sich mit der Zerstörung der Felder, mit dem Verschütten von Brunnen und dem Abhauen der Bäume. In einer vorwiegend agrarischen Gesellschaft, in der das unbewegliche Eigentum den wesentlichen Teil des Besitzes darstellt, diente auch das der Schwächung des Gegners. Die stärkere Affektivität des Verhaltens war bis zu einem gewissen Grade gesellschaftlich notwendig. Man verhielt sich gesellschaftlich zweckmäßig und fand seine Lust dabei.«[80]

Selbstverständlich kommt auch das Gegenteil vor. Derselbe Mehmed, der den eintägigen Widerstand einer unbedeutenden Stadt als persönliche Beleidigung auffaßt und entsprechend bestraft, überhäuft den Kommandeur einer Burg, die ein Jahr aushält, mit Ehrenbezeigungen und gewährt ihm freien Abzug. Und Matthias Corvinus stellt es den 400 Janitscharen, die die bosnische Festung Jajce tapfer verteidigten, frei, entweder waffenlos abzuziehen oder in sein Heer einzutreten.

Seit der Verschärfung der Strafjustiz seit dem 13. Jahrhundert und der verstärkten Anwendung der Folter seit dem 14. Jahrhundert bildete die spätmittelalterliche Rechtsprechung ein Arsenal von Strafen aus, das die Untaten des Vlad Tepes zwar nicht aufhebt, aber doch relativiert. Todes- oder Verstümmelungsstrafen sind allgemeiner Brauch. Diebe werden am Hals aufgehängt, Juden, die sich strafbar gemacht haben, an den Füßen. Totschlag und Raub werden durch Enthauptung bestraft; sie gilt als leichteste Strafe und ist das Vorrecht des Adels. Seit Ende des 14. Jahrhunderts kommt das Vierteilen als Strafe für Verräter in Gebrauch. Die nach dem Enthaupten und Hängen, den einfachen Todesstrafen, beliebteste Hinrichtungsart ist das Rädern. Es ist die Strafe für Mord, schweren Raub und Mordbrand. Weitere Variationen der qualifizierten Todesstrafen sind das Ertränken, besonders bei Frauen praktiziert, der Tod auf dem

Todesstrafen

Scheiterhaufen als Strafe für Zauberei, Ketzerei oder Homosexualität, das Sieden in Wasser, Wein oder Öl, das vor allem Münzfälscher trifft. Als sehr grausam gilt das Lebendigbegrabenwerden, das oft mit Pfählung kombiniert wird. Der Delinquent wird dabei in eine Grube gelegt, diese zugeschüttet, sodann der Pfahl eingeschlagen. Steckt man dem Verurteilten ein Rohr in den Mund, so daß er weiteratmen kann, bedeutet das Strafverschärfung. Das Pfählen kommt auch als selbständige Strafe vor. Die beiden Hinrichtungsarten werden bei Notzucht und Ehebruch verhängt, aber auch bei Mord, Blutschande und Homosexualität. Auf Todesstrafe wird selbst bei Vergehen erkannt, die uns heute als Bagatelle erscheinen.

»So einer befunden würde, der einen heister (junge Buche) witjede (schälte) wie hoch derselbe soll gestrafet werden? ... man solle dem thater das eingeweide aus dem leibe schneiden und daran knüpfen und ihm so lange umb den heister herumjagen, bis er wieder bewunden wird.«[81]

Wer einen Eichbaum köpft, dessen Kopf soll abgeschlagen und auf den betreffenden Baum gesteckt werden.

Verstümmelungsstrafen sind für geringere Delikte vorgesehen. Das Abhauen der Hand, die am meisten vorkommende Verstümmelungsstrafe, wird bei Diebstahl, Meineid, Jagdfrevel etc.

133

praktiziert. Fingerabhauen ist eine mildere Form dieser Strafe, Abhauen von Hand und Fuß, bei Landfriedensbruch, eine Verschärfung. In der Regel schlägt man die rechte Hand ab und den linken Fuß, der für wertvoller angesehen wird, da man mit ihm in den Steigbügel tritt. Eine weitverbreitete Strafe für Meineidige und Gotteslästerer ist das Abschneiden oder Herausreißen der Zunge, das im Wiener Stadtrechtsbuch Artikel 149 also beschrieben wird:

»... so schol man... in einen stuel setzen under die füezz und die zungen slachen oben an ein haken und den stuel darnach züchen, das die zung bleib an dem haken.«[82]

Das Augenausstechen wird bei Verbrechen unterschiedlichster Art, oft auch als Ersatz für die Todesstrafe angewandt. Das Abschneiden des Ohrs kommt häufig, das der Nase nur selten vor, ebenfalls selten ist die Strafe der Kastration. In Friesland hat der Sodomit, womit meistens der Homosexuelle gemeint ist, die Wahl zwischen Lebendigbegraben, Verbrennen oder Abschneiden des Penis. In Mainz »soll man dem Juden, der mit einer Christin Unzucht treibt, sein ding abesniden und ein aug ausstechen.«[83]

Die Strafen treffen zumeist die unteren Klassen. Die Verstümmelungsstrafen sind sämtlich Ablösestrafen, das heißt, der Täter kann sich gegen eine Entschädigungssumme freikaufen. Hinrichtungen sind etwas Alltägliches. Von 1401–1560 werden in Frankfurt am Main 317 Menschen hingerichtet, Lübeck bringt es zwischen 1371 und 1460 auf 411 und Breslau zwischen 1456 und 1525 auf 454.

Das geistliche Gericht, die Inquisition, stand hinter dem weltlichen nicht zurück. Es ist noch nicht die Zeit der großen Hexenverfolgungen, die in Mitteleuropa Hunderttausende auf die Scheiterhaufen brachten, aber ihre Vorboten kündigen sich bereits an. Die Hexen und Zauberer, die angeblich aus dem Fett gebratener Kinder Salben bereiten, damit Menschen töten, Pestilenz und Hagel hervorrufen können, werden ab der Mitte des 15. Jahrhunderts zunehmend als gesellschaftsbedrohende, für alles verantwortliche Kraft entdeckt und dementsprechend bestraft. In Hamburg (1444), Köln (1456), Konstanz (1453), Metz (1456) und Luzern (1450) werden die ersten Hexen und Zauberer zum Tod auf dem Scheiterhaufen verurteilt. Die ungarische Rechtspraxis, die

»... bestimmte, daß man Hexen und Zauberer, wenn man sie zum ersten Male ergreife, an einem Freitage auf einem besuchten Platze der Stadt auf einer Leiter, mit einem Judenhut auf dem Kopf, auf dem die heiligen Engel gemalt wären, vom Morgen bis zum Mittag sollte stehenlassen. Darauf hatten sie zu schwören, von ihrem Irrtum ablassen zu wollen, und alsdann sollen sie frei sein.«[84]

erscheint demgegenüber schon fast liberal.

Daß die Scheiterhaufen dennoch rauchten, verbürgten die Ketzer. Sie zu finden, war die Inquisition geschaffen, die 1232 von Papst Gregor IX. zu einer kirchlichen Institution gemacht worden war. In den Hussiten, Bogumilen und Fraticelli sind uns organisierte Ketzerbewegungen des 15. Jahrhunderts begegnet. Ihre Kritik nahm die Kirche um so ernster, als sich diese ja nicht gegen den Glauben an sich, oft nicht einmal gegen die Kirche als Institution, wohl aber gegen die herrschende kirchliche Hierarchie richtete. Wer seine Irrlehren nicht widerrief, und ein glaubwürdiger Widerruf schloß den Verrat der Mitketzer grundsätzlich ein, landete auf dem Scheiterhaufen. Die prominentesten Ketzer des 15. Jahrhunderts waren Johannes Hus (verbrannt 1415) und Girolamo Savonarola (verbrannt 1498). Zu einem aufsehenerregenden Ketzerprozeß kam es 1461 im französischen Arras, als unter dem Vorwand, sie seien Waldenser,[85] zahlreiche Männer und Frauen zum Feuertod verurteilt wurden, darunter auch Personen, die kein Geständnis abgelegt hatten und somit auf bloße Denunziation hin verbrannt wurden.

Wie zu Geständnissen zu kommen wäre, wurde schon 1252 in der Papstbulle »Ad exstirpenda« in aller Deutlichkeit ausgeführt:

»Alle gefangenen Häretiker als Verderber und Mörder der Seelen und Diebe der heiligen Sakramente und des christlichen Glaubens mit Gewalt – ohne jedoch die Glieder zu zerbrechen und das Leben zu gefährden – zu zwingen, ein klares Geständnis ihrer Fehler abzulegen und die ihnen bekannten anderen Häretiker, die Gläubigen und deren Verteidiger preiszugeben, wie man ja auch die Diebe und Räuber weltlicher Dinge zwingt, ihre Komplizen zu nennen und die von ihnen verübten Verbrechen einzugestehen.«[86]

Die Folter gehörte ganz selbstverständlich zum Strafverfahren, ganz gleich, ob es sich um geistliches oder weltliches Delikt handelte. Abgestuft in drei Grade, einen leichten, mittleren und schweren, bot sie in fast allen Fällen hartnäckigen Leugnens die Gewähr eines umfassenden Schuldbekenntnisses. Wer, wie es einem der Angeklagten von Arras geschah, 15mal gefoltert wurde, zog den Scheiterhaufen der Fortsetzung der Tortur vor. Daumenschrauben, Wasserfolter, gespickte Hasen, stachlige Stühle, Streckbänke und mehr dergleichen wurden angewandt, um die ›Wahrheit‹ ans Licht zu bringen.

»Was uns an der Grausamkeit der Rechtspflege im späteren Mittelalter auffällt, ist nicht krankhafte Perversität, sondern das tierische, abgestumpfte Ergötzen, das Jahrmarktsvergnügen, das das Volk daran hat. Die Leute von Mons kaufen einen Räuberhauptmann für einen viel zu hohen Preis nur um des Vergnügens willen, ihn zu vierteilen, ›was das Volk mehr ergötzte, als wenn ein neuer heiliger Leichnam auferweckt worden wäre‹. (…) Das Gefühl der Unsicherheit, die bange Furcht, die in jeder Krisis die Staatsgewalt um Schreckensherrschaft anfleht, war im späteren Mittelalter chronisch (…) So wurde das ausgehende Mittelalter die sinnverwirrende Blütezeit peinlicher Justiz und richterlicher Grausamkeit. Man machte sich keinen Augenblick Gedanken darüber, ob der Übeltäter seine Bestrafung verdient habe. Man empfand innige Genugtuung über treffende, vom Fürsten selbst statuierte Exempel der Gerechtigkeit.«[87]

Sowohl der sich ausbildende Territorialstaat als auch die Kirche bemühten sich, der eine in der Frage einer staatlichen Rechtsautorität, die andere in der Frage des Glaubens, ihren Alleinvertretungsanspruch durchzusetzen bzw. zu verteidigen. Abweichendes Verhalten stellte eine Gefahr dar und mußte bekämpft werden. Nicht nur in der Walachei wurden die Zigeuner diszipliniert. Nach einer ersten Phase der Toleranz wurden sie in Mitteleuropa schweren Verfolgungen ausgesetzt und teilten somit das Schicksal der Juden.

Judenverfolgungen im großen Stil traten bereits im Gefolge der Kreuzzüge auf. Im 14. Jahrhundert machte man sie für die Pest verantwortlich, es hieß, die Juden hätten die Brunnen vergiftet. Man erschlug sie zu Tausenden, konfiszierte ihren Besitz, annullierte die Schulden, die bei ihnen aufgelaufen waren. Seit Anfang des 15. Jahrhunderts aber betrieb man die Sache mit mehr System. Nicht mehr der Zorn des ›Pöbels‹, unkontrolliert, verwüstend, die eigene Stadt gefährdend, spielte nunmehr die Hauptrolle, vielmehr ging es um planmäßige Schädigung eines lästigen Wirtschaftskonkurrenten.

Man glaubte auf die Juden, die, aus dem Fernhandel längst verdrängt, jetzt im Kreditgeschäft tätig waren, verzichten zu können; andere wollten an ihre Stelle treten. Das Resultat waren obrigkeitlich gebilligte und organisierte Vertreibungen durch die jeweiligen Stadtmagistrate oder Landesherrn. Die Begründung lieferte die übliche Anschuldigung, sie würden das Sakrament schänden und zum Passahfest Kinder schlachten. Zum Beweis fanden sich blutbefleckte Hostien vor ihren Haustüren. 1420 wurden sie aus Mainz vertrieben, 1421 aus Österreich. Hundert Wiener Juden, die nicht zum Christentum übertreten wollten, wurden verbrannt. 1424 vertrieb man sie aus Freiburg, 1426 aus Köln, 1439 aus Augsburg, auf die Judenverbrennung in Breslau wurde schon im Zusammenhang mit Johannes Capistrano (vgl. S. 86) eingegangen. Die Vermögen der Juden wurden eingezogen und fielen an den Landesherrn.

*

»Der wutrich und tirann vollbracht
alle die pein die man erdacht.
dy tirannen alsander
Kainer so vil nie hat getan,
Herodes, Dieoclecian,
Nero und auch all ander.«[88]

Was Beheim so abstößt an Vlad Tepes, ist dessen absolute, gnadenlose Konsequenz, die anscheinend keine Beschränkung durch irgendwelche Rechte anderer, nicht einmal göttliche, akzeptiert. Beheim kennt den Krieg, er war selbst Soldat und ist weit herumgekommen, er weiß, wie Länder verwüstet und drangsaliert werden. Aber ist das, was der walachische Woiwode inszeniert, noch Krieg? Bei Beheim klingt immer wieder an, daß denn doch bestimmte Rücksichten zu gelten hätten, Barmherzigkeit geübt werden müsse; beiläufig gesprochen kann er dabei durchaus ein Heuchler gewesen sein.

Das weltliche Strafverfahren in Mitteleuropa hatte genauso wie die Inquisition eine moralisch-rechtliche Grundlage. Die Inquisition, so ihre Apologeten, ist ja eigentlich im Interesse der Ketzer geschaffen, für die Rettung ihrer unsterblichen Seelen, die in Gefahr sind, Satan anheimzufallen. Die weltlichen Gerichte wiederum sorgen, letztlich im göttlichen Auftrag, für Gerechtigkeit. Beide gehen nach einem genau festgelegten Verfahren vor, das in Rechtsvorschriften und Durchführungsverordnungen niedergelegt ist und sich in einem ›ordentlichen‹ Prozeß realisiert.

Vlad Tepes aber richtet und vollstreckt aus eigener Machtvollkommenheit. Wenn er dabei selbst vor dem Kindermord, bei der Ausrottung der Bojarenfamilien, nicht zurückschreckt, liegt für

Rädern und Verbrennen von Juden

Beheim die Parallele zum kindermordenden Herodes auf der Hand und wenn Vlad Tepes gegen die Kirche vorgeht, das heilige Priesterkleid nicht achtet, sondern sofortige Pfählung befiehlt, steht er nach Ansicht Beheims in einer Reihe mit den christenverfolgenden Kaisern des alten heidnischen Rom.

Heidnisch ist auch seine Art der Vollstreckung der Todesstrafe. In Mitteleuropa trieb man dem in einer Grube liegenden Verurteilten einen Pfahl durch den Leib, bzw. durchs Herz, so der Henker Erbarmen hatte und sein Handwerk verstand. Die Pfählung, die Vlad Tepes praktizierte, war die grausamere orientalische Variante, die schon die Assyrer angewandt hatten, weil sie sich von dieser Hinrichtungsart eine besonders abschreckende Wirkung versprachen.

»Um diese Strafe zu vollziehen, legt man den Verurteilten auf den Bauch, bindet seine Hände auf den Rücken fest und befestigt seine Beine so, daß sie weit bespreizt sind... Nachdem die Öffnung, durch die der Pfahl gehen soll, hinlänglich eingeölt ist, nimmt der Henker diesen in beide Hände und stößt ihn so tief er kann in den Anus des Verurteilten. Dann treibt er ihn mit Hilfe

eines Hammers 50 bis 60 Zentimeter hinein. Hernach wird der Pfahl aufge-
richtet und in die Erde gerammt. Der Delinquent bleibt nun sich selbst überlassen. Er hat nichts, an dem er sich anhalten könnte und wird von der
Schwere seines Gewichts zu Boden gezogen, so daß der Pfahl immer tiefer in
ihn eindringt, bis er schließlich entweder aus der Schulter, oder aus der
Brust oder auch aus dem Magen wieder heraustritt.

Der Tod, der die schrecklichen Leiden dieses Unglücklichen beenden soll,
läßt sich Zeit. Man hat Verurteilte gekannt, die bis zu drei Tagen in dieser
schrecklichen Lage lebend zubrachten. Die Geschwindigkeit, mit der der
Tod eintritt, ist verschieden und hängt von der Konstitution des Opfers wie
von der Richtung des Pfahls ab. Tatsächlich hat man, in einem unglaub-
lichen Raffinement vor Grausamkeit, dafür gesorgt, daß die Spitze des
Pfahls nicht ganz scharf, sondern ein wenig abgerundet ist. Dadurch wird
vermieden, daß der Pfahl die Organe, die in seinem Weg liegen, durchbohrt
und so einen raschen Tod herbeiführt. Die Organe werden nicht durchsto-
ßen, sondern nur aus ihrer natürlichen Lage gedrängt. So wurden stark blu-
tende Verletzungen vermieden und der Tod hinausgezögert, während die
Schmerzen durch die Zusammenpressung der Nerven unbeschreiblich waren.«[89]

War Vlad Tepes ein sadistischer Psychopath, oder manifestierte
sich in seiner Person die gewalttätige Lebensform des Zeitalters
nur in letzter grausamer Konsequenz?

Florescu/McNally, die Verfasser einer englischen ›Dracula‹-
Biographie räumen ein, daß einiges auf eine krankhafte sexuelle
Abnormität des Fürsten hindeute. Sie äußern die Vermutung,
Vlad Tepes sei partiell impotent gewesen und hätte sich sexuelle
Befriedigung möglicherweise dadurch verschafft, daß er lustvoll
zusah, wie weibliche Sexualorgane verstümmelt wurden oder
der Pfahl langsam in den Leib eines Opfers eindrang.

Im Gegensatz zum berühmt-berüchtigten Gilles de Rais
(1404–1440), dem Kindermörder und Marschall von Frankreich, der den Anblick von Blut und Tod über alles liebte und
dabei den »Samen des Lebens« (Bataille) über seine Opfer ver-
strömte, ist eine derartige Eindeutigkeit bei Vlad Tepes nicht gegeben. Überlegungen in dieser Richtung bleiben mangels Beweisen spekulativ. Sie erscheinen auch deswegen wenig sinnvoll,
weil sie die Brisanz der Figur unterschlagen, um sie, mit dem
Etikett des Psychopathen versehen, aufatmend in der Gerümpel-
ecke des Abartigen deponieren zu können.

Fall und letzter Aufstieg (1462–1476/77)

Vlad Tepes, von der Bojarenpartei und den Sachsenstädten verklagt, wird vom ungarischen König fallengelassen. Die Haft. Beobachtung der Zeitläufte. Die dritte Regierung. Das letzte Gefecht.

Bevor Vlad Tepes beim ungarischen König vorgelassen wurde, hatte schon eine Abordnung der Sachsenstädte interveniert, eine ausführliche Klageliste eingereicht und damit die Begründung für ihr mangelndes Engagement im Türkenkrieg geliefert. Matthias Corvinus empfing daher seinen walachischen Vasallen, der Anfang November 1462 mit kleiner Begleitung in Kronstadt eintraf, betont kühl. Man bedeutete ihm, sich zu gedulden.

Bald stellten sich weitere Gesprächspartner ein. Eine Gesandtschaft walachischer Bojaren unterrichtete den König vom Zustand ihres Landes und untermauerte die Vorwürfe der Sachsenstädte mit eigenen detailkundigen Schilderungen. Radu der Schöne bot unterdessen die Anerkennung der ungarischen Oberhoheit an und dürfte auch den Sachsenstädten entsprechende Zugeständnisse in Aussicht gestellt haben.

Es war nicht leicht für den ungarischen König. Immerhin war Vlad Tepes sein Vertragspartner, und der Papst, der Matthias Corvinus eine beträchtliche Summe für diesen Türkenkrieg zur Verfügung gestellt hatte, erwartete mit Recht mehr als eine bloße Demonstration christlicher Macht. Andererseits sprach alles gegen eine Fortsetzung des Feldzugs. Zu weit war die Jahreszeit schon fortgeschritten, und die Länder, durch die das Heer würde marschieren müssen, die Walachei und das nördliche Bulgarien, waren grausam verwüstet. Wo sollte man da Lebensmittel hernehmen, wo Futter für die Pferde finden? Endlich war zu bedenken, was denn eigentlich das Ziel eines solchen Feldzugs sein sollte. Konnte er der Walachei und indirekt damit auch Siebenbürgen einen Woiwoden zumuten, der so offensichtlich im eigenen Land und im Ausland auf Ablehnung stieß, wie es bei Vlad Tepes der Fall war? Die Sachsenstädte betonten jedenfalls ihre entschiedene Abneigung, mochte das der König gefälligst berücksichtigen, die Herren des Magistrats wußten ihre Bedeutung einzuschätzen.

Matthias Corvinus durfte schließlich seine eigene Situation nicht vergessen: seine kaum gefestigte innenpolitische Stellung, den auf eine mögliche Niederlage und ihre günstigen Gelegenheiten spekulierenden Gegenkönig Friedrich III. Völlig unsicher war zudem die Haltung Stefans, des Moldaufürsten.

Der König überstürzte nichts. Zwei Wochen verstrichen, so sorgsam prüfte er die Angelegenheit. Da wollte es der Zufall, daß ihm zwei Briefe zur Kenntnis gebracht wurden, die am 7. November 1462 von Vlad Tepes in einem Ort namens ›Rhotel‹[90] verfaßt und an Mehmed II. und Stefan von der Moldau adressiert waren. Die Schreiben enthielten Empörendes. Nicht nur, daß der Woiwode die vorgefallenen Feindseligkeiten zutiefst zu bedauern vorgab, bot er Mehmed sogar ein Bündnis an und versprach ihm nicht weniger als den Besitz der Walachei, Siebenbürgens, ganz Ungarns, ja er deutete an, daß es unter bestimmten günstigen Umständen möglich wäre, sich der Person des ungarischen Königs zu bemächtigen.

Der glatte Verrat vereinfachte alle Probleme. Matthias Corvinus ließ den Woiwoden, der sich nicht in Kronstadt, sondern in verdächtiger Nähe der Grenze aufhielt, verhaften und nach Ungarn schaffen. Alles regelte sich nun von selbst: Radu ward anerkannt, die Sachsenstädte zufrieden, der Papst über den schändlichen Abfall des Fürsten informiert und auf das nächste Jahr vertröstet, in dem ein Türkenfeldzug sicherlich sinnvoller sein würde. Mitte Dezember war der König wieder in Buda.

Waren die ›Rothel‹-Briefe, wie die rumänische Geschichtswissenschaft meint, gefälscht? Stellt man die ciceronische Frage nach dem cui bono, liegt es nahe, die Sachsenstädte, Radu den Schönen oder gar Matthias Corvinus selbst zu verdächtigen, die in der Tat allesamt vom Abfangen der Briefe profitiert haben. Berücksichtigt man jedoch die ausgeprägte Skrupellosigkeit des Fürsten und die tiefe Enttäuschung, die der Zusammenbruch seiner Bündnishoffnungen in ihm erzeugen mußten, so ist es zumindest denkbar, die ›Rothel‹-Briefe als wütende Reaktion auf den ›Verrat‹ seiner Verbündeten zu interpretieren. Er, der die Türken zum Rückzug gezwungen und dabei die Herrschaft eingebüßt hatte, sah sich von allen im Stich gelassen und folglich betrogen. Die abwartende Haltung des Königs könnte ihn zu einem letzten, waghalsigen politischen Vabanque-Spiel getrieben haben.

Merkwürdig ist freilich, mit welcher Milde Matthias Corvinus, der bei anderer Gelegenheit durchaus nicht zögerte, hart durchzugreifen, dem offenkundigen Verrat des Fürsten begegnete. Seine Entscheidung, nicht auf Enthauptung, die übliche Verratsstrafe, zu erkennen, sondern eine Haftstrafe festzusetzen, könnte ein Beleg dafür sein, daß er die ›Rothel‹-Briefe so ernst denn doch nicht nahm, oder vielleicht der Ausdruck seines schlechten Gewissens angesichts der von ihm nicht erfüllten Bündnisverpflichtungen.

Zwölf Jahre lang (1462–1475) wurde Vlad Tepes vom ungarischen König gefangen gehalten. Die Frage, ob man ihn in Buda oder in der 40 Kilometer nördlich gelegenen Sommerresidenz Visegrád arrestierte, läßt sich wohl so beantworten, daß er je nach der Jahreszeit einmal da und einmal dort untergebracht wurde. Wenig wahrscheinlich ist, daß man ihn mit Hand- und Fußfesseln versah und in eine Einzelzelle sperrte, ›murus durus‹, wie der Fachausdruck lautete, vielmehr scheint er am ungarischen Hofe die Rolle einer barbarischen Attraktion gespielt zu haben, die man bei passender Gelegenheit präsentierte und mit gebührendem Schauder zur Kenntnis nahm. Florescu/McNally haben nachgewiesen, daß der Name des Woiwoden in der Liste der politischen Gefangenen des Königreichs, die man im sogenannten ›Salomonsturm‹ von Visegrád zu inhaftieren pflegte, nicht auftaucht. Die Haft dürfte demnach in der Form eines Hausarrests verhängt worden sein; anfangs strikt, später, nach dem Übertritt Vlad Tepes' zum römisch-katholischen Glauben, milder gehandhabt.

Die russischen Handschriften berichten, daß Matthias Corvinus den Konfessionswechsel als unabdingbare Voraussetzung für jene Heirat ansah, die im Bündnisvertrag von 1461 mitinbegriffen war. Nachdem sich Vlad Tepes dazu verstand, wurde die Ehe geschlossen und das Brautpaar bezog ein Haus in Buda, was 1467 geschehen sein soll. Ob nun diese oder die zweite Version zutrifft, wonach Vlad Tepes erst 1473 oder 1475 übertrat und sich verehelichte: die zwölf Jahre, die der Fürst in Buda und Visegrád zubrachte, degradierten ihn zwar zum macht- und einflußlosen Beobachter, isolierten ihn aber nicht von den politischen Entwicklungen in Mittel- und Südosteuropa.

Die Haft scheint seine Grundüberzeugungen nicht in Mitleidenschaft gezogen zu haben. Glauben wir den russischen Handschriften, war sie keineswegs eine Zeit der Reue oder inneren Einkehr, sondern eher eine Fortsetzung seiner ›Pädagogik des

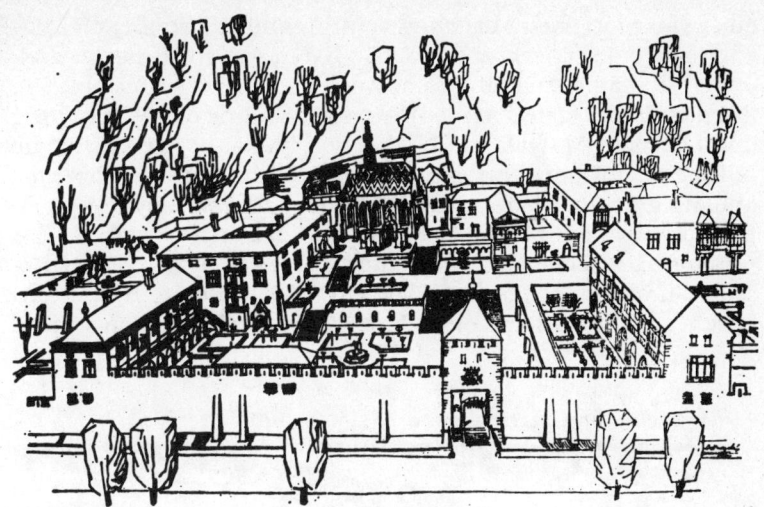

Der Palast von Visegrád (Rekonstruktion)

Schreckens‹ im Kleinformat. Er gefiel sich noch immer als Herr über Leben und Tod, verdammte und belohnte nach eigenem Gefallen, nur seine ›Untertanen‹ hatten sich ziemlich verwandelt:

»Man erzählte von ihm, daß selbst sein Gefängnisaufenthalt ihn nicht von seinen bösen Neigungen befreite. Er fing Mäuse und kaufte Vögel auf dem Markt, die er durch Pfählung bestrafte. Einigen schnitt er den Kopf ab, andere schmückte er mit Federn und gab ihnen die Freiheit. Er lernte es, Bücher einzubinden, und bestritt damit seinen Lebensunterhalt.«[91]

Während Vlad Tepes nolens volens als Buchbinder Fortschritte machte, bauten Matthias Corvinus, Mehmed II. und Stefan der Große ihre Herrschaftsgebiete und ihre Machtstellung im Innern zielstrebig aus. Nachdem der ungarische König seine Streitigkeiten mit Friedrich III. im Frieden von Wiener Neustadt 1463 fürs erste beigelegt hatte, machte er sich an den Aufbau eines stehenden Heeres, einer Infanterietruppe von 8000 Mann. Die dazu nötige Reform des Steuersystems setzte er 1466 auf einem Reichstag durch und schlug die daraufhin in Siebenbürgen 1467 losbrechende Adelsrevolte, an der sich die Sachsenstädte beteiligten, nieder. Die Haupträdelsführer, so sie in Gefangenschaft geraten waren, wurden hingerichtet.

Der Moldaufürst Stefan regierte gleichfalls mit Fortune. In

einer wohldosierten Mischung von Einschüchterung und Groß-
zügigkeit manövrierte er die Großbojaren aus, von denen er drei,
um ein Exempel zu statuieren, wegen erwiesener Konspiration
mit dem Landesfeind, enthaupten ließ. Er ging dabei umsichtig
und mit mehr Maß als Vlad Tepes vor, immer bestrebt, sich die
militärische Kampfkraft der Bojaren zu erhalten, aber ihre Unabhängigkeit in Dienstadelsfunktionen – strikte Loyalität zum
Landesherrn, pünktliche Heeresfolge – zu transformieren.

Beide Herrscher gewannen durch ihre innenpolitischen Erfolge an außenpolitischem Gewicht. 1465 besetzte Stefan das
begehrte Kilia und unterstützte 1467 die revoltierenden sieben-

Die Hochburg von Visegrád, links der Salomonsturm

bürgischen Adligen gegen ihren Souverän. Den darauf folgenden ungarischen Straffeldzug fing er mit unterlegenen Kräften bei Baia ab. Wie Vlad Tepes 1462 den Sultan, griff Stefan das königliche Heer in einem nächtlichen Überraschungsangriff an. Die Ungarn erlitten schwere Verluste, Matthias Corvinus wurde durch einen Pfeilschuß am Rücken (!) verwundet, und unverrichteter Dinge kehrte das Heer nach Siebenbürgen zurück. Den Tataren, die von Osten kommend 1469 die Moldau überfielen, ging es nicht besser:

»In dem nemlichen Jahr kam eine Horde Tataren von der Wolga unter dem Sohn des Chans Maniak. Stephan schlug diesen bey Lipnitz am Dnestr in drei Gefechten. Der Carzyk selbst ward gefangen. Als Maniak denselben durch eine Gesandtschaft zurückfordern ließ, welche 100 Pferde zählte und Drohungen ausstieß, so ließ Stephan den Sohn des Chans vor ihren Augen niederhauen, die Gesandten und ihr Gefolge auf Spieße ziehen, und nur einer ward ohne Nase und Ohren nach der Horde, als Courier entlassen.«[92]

Ab 1470 erreichte Stefan der Große de facto die Souveränität seines Fürstentums, was noch dadurch befördert wurde, weil seine potentiellen christlichen Oberherrn, Ungarn und Polen, über den Besitz der böhmischen Krone in einen Krieg gerieten, der sich mit Unterbrechungen bis 1479 hinzog.

Daß den beiden, Stefan und Matthias Corvinus, Zeit zur Konsolidierung ihrer Macht im Innern gegeben war, ja daß sich letzterer in den böhmischen Krieg, der um nichts weniger als um die Vorherrschaft in Ostmitteleuropa geführt wurde, überhaupt einlassen konnte, verdankten sie in erster Linie den Venezianern und Usun-Hassan, dem Herrscher Persiens. Nicht, daß Venedig allein davon beeindruckt gewesen wäre, daß der alte Pius II. 1463 einmal wieder einen Kreuzzug predigte und verkündete, daß er ihn nun wirklich selbst anführen werde: Die Venezianer waren vielmehr an den Punkt gekommen, wo sie der Ausbreitung der türkischen Macht nicht mehr tatenlos zusehen konnten. 1463 war Bosnien gefallen und die Türken damit in die unmittelbare Nachbarschaft Venedigs gerückt. Als noch Übergriffe auf venezianische Besitzungen in Griechenland hinzukamen, beschloß man in der Lagunenstadt am 28. Juli 1463 mit knapper Mehrheit den Krieg gegen das Osmanenreich.

1475, als Matthias Corvinus Vlad Tepes wieder in Freiheit setzte, dauerte der venezianisch-türkische Krieg noch immer an. Der Kreuzzug, von dem Pius II. geträumt hatte, war nicht zustandegekommen. Die europäischen Mächte waren mit ihren eigenen Problemen beschäftigt und zeigten nicht die geringste Lust, in einen Krieg einzugreifen, dessen günstiger Ausgang in erster Linie Venedig zugute kommen würde. So führte ihn Venedig allein und ruinierte sich dabei, was nicht wenige herzlich freute. 1468 war Georg Kastriota gestorben, der albanische Widerstand am Erlöschen. 1470 eroberte Mehmed Negroponte auf Euböa, die Stadt, die den Venezianern als »viermal besser denn Konstantinopel« galt. Der Verlust bedeutete den Zusammenbruch ihrer Machtstellung in der Ägäis. Selbst das vielversprechende Bündnis, das Venedig, die Idee der Zangenbewegung von Westen und Osten realisierend, mit Usun-Hassan 1472 abschloß, brachte der Stadt wenig Nutzen. Das moderne türkische Heer schlug die Truppen Usun-Hassans in zwei Feldzügen 1472 und 1473. Die parallel dazu unternommenen venezianischen Störangriffe auf die kleinasiatischen Küsten waren sicherlich gewinnbringend, kriegsentscheidend waren sie nicht.

Man muß jedoch zugeben, daß der venezianisch-türkische Krieg mit seinen persischen Weiterungen die nördlichen Nachbarn der Türken, Österreich, Ungarn und die Moldau, entscheidend entlastete. Das Hauptgewicht der militärischen Operationen verschob sich nach Süden und Osten. Zwischen 1464 und 1475 kam es zu keinen größeren türkischen Feldzügen gegen die nördlich der Donau gelegenen christlichen Staaten. Die seit 1468 mit schöner Regelmäßigkeit durchgeführten Streifzüge der Akindschis durch Istrien, Kärnten und Krain, die die ›Renner und Brenner‹ bis vor die Tore Laibachs (Ljubljana), bis nach Großwardein (Oradea), ja bis in Sichtweite Venedigs führten, hielten weder Matthias Corvinus noch Friedrich III. davon ab, mit Waffengewalt um die böhmische Krone zu streiten; mochten die Bauern und Adligen der Grenzprovinzen zusehen, wie sie mit den Türken zurecht kamen. Sie kamen schlecht zurecht:

»So gut wie nichts geschah von seiten des Kaisers[93] und der innerösterreichischen Stände zur Abwehr des fürchterlichen Feindes. Die Bewohner des flachen Landes, die Bauern, die nicht in den befestigten Plätzen Schutz suchen konnten, gerieten über die Untätigkeit der Herren und Stände in solche Erbitterung, daß sie diese Einverständnisses mit den Türken bezichtigten, sich zu einem Bund wider die Herren zusammentaten und in einigen Gemeinden des Glantales einen Aufstand gegen die Obrigkeit anzettelten. Aber auch in Kroatien, wo Matthias Corvinus hätte Schutzmaßnahmen treffen müssen, erfolgte ebensowenig wie in den Ländern des Kaisers.«[94]

An anderen Abschnitten der Grenze stand es nicht besser. Radu der Schöne, der pflichtschuldigst den um das sechsfache erhöhten Tribut an den Sultan entrichtete, ließ es geschehen, daß die Walachei in bisher nicht gekanntem Ausmaß in die türkische Machtsphäre integriert wurde. Die Donaubegs richteten sich häuslich im Lande ein, Kornspeicher für die Versorgung durchziehender Truppen wurden angelegt, die Stützpunkte am linken Donauufer erweitert und neue erbaut, von denen aus die Akindschis Vorstöße nach Siebenbürgen und in die Moldau unternahmen.

So war denn Stefan der Große der einzige, der die relative Schwäche der Türken, die Verschiebung des militärischen Schwerpunkts, im Rahmen seiner allerdings begrenzten Möglichkeiten konsequent nutzte. Die Situation in der Walachei begünstigte ein Zusammengehen zwischen Stefan und Siebenbürgen. Vom König, der in Böhmen Krieg führte, war wenig zu hoffen, die Kronstädter mühten sich daher, Stefan als Bündnispartner zu gewinnen.

Der Woiwode akzeptierte, marschierte im Februar 1470 in die Walachei und brannte Braila nieder. Der Gegenfeldzug, den Radu im nächsten Jahr mit Unterstützung türkischer Truppen organisierte, wurde ein glatter Mißerfolg. 1473, als Mehmed sich weit im Osten mit Usun-Hassan herumschlug, schien Stefan der rechte Zeitpunkt gekommen, endgültig mit Radu abzurechnen. Im November warf er ihn aus dem Lande und setzte Basarab Laiota als neuen Woiwoden ein. Als jedoch Stefan im Dezember in die Moldau zurückgekehrt war, griff der hartnäckige Radu an der Spitze von 17 000 Türken wieder an und zwang seinerseits Stefans Protegé in die Flucht. Das Machtkarussell begann sich nun erst richtig zu drehen. 1474 intervenierte Stefan erneut, um seinen Kandidaten wieder einzusetzen, aus Siebenbürgen eilte ein weiterer Prätendent herbei, die seltsamsten Frontwechsel ergaben sich, und schließlich hatte der Sultan genug. Er ordnete an, daß sich Stefan unverzüglich aus der Walachai zurückzuziehen habe, den längst überfälligen Tribut entrichten müsse und als Strafe für seine militärischen Aktionen Kilia und Akkerman an die Türken abzutreten hätte. Wie nicht anders zu erwarten, weigerte sich Stefan. Damit hatte der Sultan gerechnet; seinem Großwesir Suleiman, der mit dem rumelischen Aufgebot gerade Albanien bekriegte, erteilte er Befehl, nach Nordosten abzuschwenken.

Standbild Stefan des Großen in Suceava

Das befestigte Kloster Sucevita

Im Spätherbst 1474 überquerte Suleiman die Donau und rückte durch die wieder einmal völlig verwüstete Walachei und die in nicht besserem Zustand befindliche Moldau gegen Stefan vor. Wie seinerseits Vlad Tepes erhoffte sich Stefan von der Taktik der verbrannten Erde eine Schwächung des Gegners, der auch prompt unter Lebensmittelmangel zu leiden hatte. Und wie Vlad Tepes zog sich der Moldaufürst mit seinen Truppen, die durch Szekler und Siebenbürger verstärkt wurden, in den Schutz der Wälder und Sümpfe zurück. Das türkische Heer ließ sich in die Falle locken. Am 10. Januar 1475 wurde es bei Vaslui vernichtend geschlagen, nur kärglichen Resten des schätzungsweise 50 000 bis 60 000 Mann umfassenden Heers gelang die Rettung. Noch nie sei den Türken solch eine Niederlage zugefügt worden, klagte die Witwe Murad II., die es wissen mußte. Stefan schickte sogleich Briefe an den Papst, an Ungarn, Polen und Venedig, die nicht nur den Sieg meldeten, sondern vor allem um Hilfe baten. Der Woiwode der Moldau kalkulierte sehr richtig, daß Mehmed diese Schmach nicht auf sich sitzen lassen werde, und rechnete bereits für den Sommer 1475 mit einem Rachefeldzug.

Der Zeitpunkt für eine anti-osmanische Koalition schien günstig. Von Venedig war allerdings kaum Hilfe zu erwarten. Die Stadt, die den Türkenkrieg seit nunmehr zwölf Jahren fast ganz auf sich allein gestellt führte, war finanziell und militärisch erschöpft, jedoch stand Matthias Corvinus zur Disposition. Der nämlich war im November 1474 auf Druck der ungarischen Stände zu einem Waffenstillstand mit König Kasimir IV. von Polen gezwungen worden, da man in Ungarn der Meinung war, daß es mit den jährlichen türkischen Plünderungs- und Beutezügen so nicht weitergehe. Der Reichstag stellte dem König beträchtliche Mittel für den Türkenkrieg zur Verfügung, der Sieg Stefans wurde mit großer Begeisterung aufgenommen, und am 12. Juli 1475 unterzeichneten Matthias Corvinus und Stefan der Große einen Allianzvertrag wider den ›Erbfeind der Christenheit‹. Ein Abkommen mit Polen aber kam nicht zustande:

»Als König Kasimir sich 1475 auf dem Reichstage zu Lublin befand, kam ein Abgeordneter nach dem andern von dem Woiwoden Stephan, mit der Nachricht, daß Mehmed eine fürchterliche Macht zusammenziehe, um damit in die Moldau einzubrechen. Die Mehrheit der Polnischen Räthe und alle Litthauer stimmten für die Vertheidigung der Moldau, als einer Schutzwehr von Polen; allein der König war, so laut ihm auch Nachlässigkeit in Vertheidigung des Reiches vorgeworfen wurde, nicht zu bewegen, kriegerische Vorkehrungen zu treffen, (vermuthlich auch darum, weil er Stephans Einverständnis mit Matthias übelnahm) sondern er begnügte sich, den Martin Wurocimoviczi, Truchseß von Krakau, an Mehmed mit dem Ersuchen zu schicken, daß er den Vasallen Polens mit Krieg nicht überziehen, sondern seine etwaige Beschwerden wider ihn dem Austrag polnisch-türkischer Commissarien überlassen wolle, indem der König von Polen auf solchem Wege nicht ermangeln würde, ihn zur Genugthuung anzuhalten; wohingegen im Fall eines Kriegs, der König von Polen, der auf Einladung so vieler Mächte dennoch bisher in keine Fehde wider die Türken sich eingelassen hätte, nun auch würde müssen zu den Waffen greifen.«[95]

Das war die Lage, als man sich Vlad Tepes' wieder erinnerte. Der schreckliche Ruf des Exwoiwoden der Walachei hatte bei den Türken nicht an Aktualität eingebüßt, seine militärische Begabung war unbestritten: Matthias Corvinus befahl, ihn in Freiheit zu setzen, und wies ihm 200 Dukaten für Reisekosten an. Vlad Tepes eilte sofort nach Siebenbürgen, um sich vor Ort Informationen aus erster Hand zu beschaffen. Anders als in seinem ersten siebenbürgischen Exil zog er es diesmal vor, in Hermannstadt zu logieren. Mitte des Jahres verbreitete sich die Nachricht, daß der Sultan krank daniederläge und den Moldau-Feldzug auf das nächste Jahr verschoben hätte. Die Freude darüber wurde durch den Fall von Kaffa getrübt, damit hatten die Türken den letzten Stützpunkt »westlicher Krämerherrschaft« östlich der Dardanellen erobert. Das Schwarze Meer konnte nun getrost das türkische genannt werden. Im November kehrte Vlad Tepes nach Buda zurück und erstattete dem König Bericht. Der derzeitige Woiwode der Walachei, der wieder eingesetzte Basarab Laiota trieb eine verdächtig undurchsichtige Politik. Radu der Schöne war im Lauf des Jahres 1475 den walachischen Wirren zum Opfer gefallen, ob in der Schlacht oder ermordet, ist strittig, sicher ist, daß es kein friedlicher Tod war.

Gleichfalls im November trafen am Königshof Abgesandte des Sultans ein, um über einen Frieden zu unterhandeln. Die Absicht Mehmeds, die Moldau fürs kommende Jahr zu isolieren, lag klar zu Tage. Als Antwort stellte ihnen Matthias Corvinus den ›Pfahlwoiwoden‹ vor, wie die Türken Vlad Tepes nannten, das war Bescheid genug. Der Fürst dürfte sich mit einem sardonischen Lächeln wieder in die Weltgeschichte eingereiht haben.

Der Krieg gegen die Türken wurde umgehend eröffnet. Während Matthias Corvinus gegen das an der Save westlich Belgrad gelegene Schabatz (Sabac), den Hauptstützpunkt der Akindschis an der Südgrenze Ungarns, vorrückte und es am 15. Februar 1476 eroberte, stieß Vlad Tepes mit ungarischen Truppen weiter nach Bosnien vor. Auf Schleichwegen näherte er sich der wichtigen Stadt Srebrenica und überrumpelte ihre türkische Besatzung, indem er seine Truppen in türkische Kleider steckte und also getarnt frech das Stadttor passierte. Da es gerade Markttag war, lohnte sich der Überfall auch in finanzieller Hinsicht. Im weiteren Verlauf des Streifzugs erfüllte der Fürst die in ihn gesetzten Erwartungen zur Zufriedenheit. Wo er erschien, wurde das Land verwüstet und selbst die christlichen Bauern nicht geschont. Den Türken widmete sich Vlad Tepes persönlich. Eigenhändig, so der Bericht des Bischofs von Erlau, zerstückelte er Gefangene und verteilte ihre Überreste auf Pfähle, »um den anderen Schrecken einzujagen«.

Vor Semendria stieß er wieder zum ungarischen Heer. An eine erfolgversprechende Belagerung der Festung war nicht zu denken, da Friedrich III.., mit dem Matthias Corvinus einmal wieder auf schlechtem Fuße stand, eine in Regensburg auf Kosten des Ungarnkönigs gebaute Flotille mit fadenscheinigen Argumenten am Auslaufen hinderte. So fehlte es an Schiffen und Belagerungsgerät; die Ungarn zogen sich nach Norden zurück. Damit

Die Festung Schabatz

war für Matthias Corvinus der Feldzug beendet, und er widmete sich nun den Vorbereitungen für seine Hochzeit mit Beatrice von Neapel und Aragon, die im Oktober gefeiert werden sollte. Die weitere Türkenabwehr überließ er den örtlichen Befehlshabern.

Nachdem der ungarische König den Kriegsschauplatz verlassen hatte, schickte sich Mehmed II. an, diesen zu betreten. Im Mai zog er 100 000 Mann bei Adrianopel zusammen und stand im Juni bereits an der Donau. Basarab Laiota ging zu ihm über und leistete mit 10 000 Mann Heeresfolge. Um die Ungarn beschäftigt zu halten, griffen 4500 Akindschis Kroatien und Krain an, weitere 5000 nahmen die Richtung auf Temesvár (Timisoara). Um

Mehmed II.; Schaumünze eines Florentiner
Medailleurs (1481)

Stefan vollends in die Zange zu nehmen, hatte Mehmed den
Tataren einen Wink gegeben, die nun von Osten mit 10 000 Reitern gegen die Moldau zogen. Stefans Hilfeschreie verhallten
nicht ganz ungehört. Der polnische König verwies zwar auf die
Gesandtschaft des letzten Jahres, deren Bitten Mehmed doch sicherlich berücksichtigen würde, Matthias Corvinus aber erteilte
dem Woiwoden von Siebenbürgen, Stephan Bathory, Anweisung, dem Moldaufürsten mit einem Heer zu Hilfe zu eilen. Vlad
Tepes schloß sich Bathory an. Wie üblich dauerte es seine Zeit,
bis sich die adligen Streiter versammelt hatten. Als das ungarische Heer am 26. Juli 1476 von Turda aufbrach, lieferte Stefan
den Türken, 350 Kilometer entfernt und ganz auf sich allein gestellt, bei Razboieni gerade die Entscheidungsschlacht.

Die militärische Klemme Stefans läßt sich oberflächlich mit
der Lage der Walachei im Jahre 1462 vergleichen, ist aber dennoch unter ganz anderen Voraussetzungen zu sehen. Der moldauische Woiwode regierte sein Land seit 20 Jahren, in denen er
seine Macht kontinuierlich ausbaute und außenpolitische Erfolge erzielte, die ihm als Heerführer und Diplomat hohes Prestige verschafften. Innenpolitische Reformen, insbesondere die
forcierte Einbeziehung der Bauern in die Heeresorganisation bei
gleichzeitiger Zurückdrängung des Bojareneinflusses, erhöhten

die militärische Schlagkraft, mußten aber nicht von heute auf morgen durchgesetzt, sondern konnten behutsam entwickelt werden.

Der Auftakt des Krieges begann verheißungsvoll. Die Tataren kamen zu früh. Im Juni schlug sie Stefan bei Akkerman und verhinderte so ihre Vereinigung mit den Türken. Was die anbetraf, verfolgte er dieselbe Taktik, mit der auch Vlad Tepes so gute Erfahrungen gemacht hatte. Er evakuierte die Bevölkerung und ließ Häuser, Lebensmittel, die Ernte auf dem Halm vernichten, die Brunnen unbrauchbar machen, die türkischen Furiere abfangen. Dies, kombiniert mit der von Vlad Tepes schon erprobten Guerillataktik der ewigen Überfälle und Scharmützel, tat seine Wirkung. Am 26. Juli 1476 versuchte Stefan, den Erfolg des Vorjahres zu wiederholen, indem er Mehmed in eine waldreiche Gegend lockte, die er vorher sorgfältigst mit Verhauen und Kanonen präpariert hatte. Der Kampf dauerte den ganzen Tag und noch bis in die Nacht. Stefan gelang es, die Vorhut der Türken zu schlagen und durch gezieltes Geschützfeuer selbst die Janitscharen zu entmutigen. Sie warfen sich auf die Erde und ihr Agha vermochte nicht, sie zum Sturm auf die Befestigungen der Moldauer zu bewegen. Erst als sich Mehmed persönlich an ihre Spitze stellte und unter Mißachtung seines Lebens in Richtung Feind drauflosgaloppierte, riß er die Janitscharen mit. In der Nacht zog sich Stefan, dessen Stellung unhaltbar geworden war, mit seinem angeschlagenen 20 000-Mann-Heer zurück. Es waren vor allem die Bojaren, die, tapfer kämpfend, schwere Verluste zu beklagen hatten. Die türkischen waren ungleich größer, erreichten aber wohl nicht 30 000 Tote, wie von den zeitgenössischen Chronisten übertreibend behauptet wird.

Mehmed marschierte nun nach Suceava, der Hauptstadt der Moldau. Er fand sie jedoch so stark befestigt und verteidigt, daß er auf eine Belagerung verzichtete. Die Lebensmittel gingen zur Neige, im türkischen Heer brach die Cholera aus, und zu allem Unglück geriet die Transportflotte, die Mehmed vorsorglich für den Lebensmittelnachschub bereitgestellt hatte, vor der Donaumündung in einen schweren Sturm, in dem der Großteil der Schiffe sank. Daß der Sultan am 10. August den Rückzug befahl, mochte auch damit zusammenhängen, daß das ungarische Entsatzheer mittlerweile den Oituz-Paß an der siebenbürgisch-moldauischen Grenze erreicht hatte und im Begriff stand, sich mit Stefans Truppen zu vereinigen.

Jetzt schlug wieder einmal Vlad Tepeş' Stunde. Basarab Laiota hatte sich gründlich als Türkenfreund desavouiert, sowohl Bathory als auch Stefan der Große wünschten, die Walachei der türkischen Kontrolle zu entreißen und einen Woiwoden einzusetzen, der gar nicht erst in Versuchung kommen würde, sich mit den Türken zu arrangieren. Vlad Tepeş bot sich als beste personale Lösung an. Ihm, der gegenüber dem Sultan keinen politischen Spielraum mehr hatte, würde nichts übrigbleiben, als die Walachei, koste es was es wolle, gegen die Türken zu verteidigen. Am 6. September 1476 gab Matthias Corvinus seine Einwilligung. Bathory und der designierte Woiwode machten sich sogleich an die Realisierung des Plans.

Nicht die Einsetzung des Woiwoden war das Kardinalproblem. Die militärische Vorgehensweise ließ sich leicht festlegen. Bathory und Vlad Tepeş würden von Norden, Stefan von Osten angreifen und so Basarab Laiota in die Zange nehmen. Nach dem erfolglosen Feldzug Mehmeds war von türkischer Seite nurmehr mit den örtlichen Grenzbegen zu rechnen. Wie aber sollte sich Vlad Tepeş an der Macht halten, auf wen sich stützen? Die Person des Fürsten war eine glatte Provokation. Der Sultan

Die Ruinen der Burg von Suceava

würde nicht ruhen, bis er den Beleidiger seiner Ehre, den Verderber seiner Truppen, den Mörder seiner Gesandten zur Strecke gebracht haben würde. Ein Woiwode Vlad Tepes bedeutete für die Walachei die Aussicht auf Krieg in Permanenz. Der designierte Woiwode betonte seine Kompromißbereitschaft. Den Kaufleuten von Kronstadt versprach er eine nie gekannte Blüte ihres Handels in den rumänischen Fürstentümern und stellte ihnen außerordentliche Privilegien in Aussicht; keine Rede war mehr vom Stapelrecht und anderen unangenehmen Dingen.

Anfang November begannen die Ungarn und Moldauer die Offensive, die planmäßig verlief und die Erwartungen vollauf erfüllte. Am 8. November fiel Tirgoviste, am 16. Bukarest, am 26. wurde Vlad Tepes zum dritten Mal als Woiwode ausgerufen.

Schon Anfang Dezember mußten die Ungarn abrücken. Bathory wurde dringend gebraucht. Überraschend war mitten im Winter der Sultan an der Donau erschienen und hatte Schabatz zurückerobert. Mit Stefan schloß Vlad Tepes einen Bündnisvertrag. Der Moldaufürst überließ ihm eine Leibgarde von 200 ausgesuchten Kämpfern. So war er nicht ganz allein, als um die Jahreswende 1476/77 ein Kontingent türkischer Akindschis mit Basarab Laiota im Gefolge in die Walachei einfiel. Starb Vlad Tepes im Kampf oder enthauptete ihn, dies die zweite, schrecklichere Lesart, ein gedungener Mörder hinterrücks, so daß ihm der Kopf vor die Füße rollte?

Daß er scheitern, daß er sowohl für die Sachsenstädte als auch für die Bewohner des ausgebluteten walachischen Fürstentums absolut unakzeptabel sein könnte, vermutete er selbst: Seine ungarische Frau und seine Kinder hatte er vorsorglich in Siebenbürgen zurückgelassen.

Der Körper des Fürsten wurde in Snagov bestattet, einem Inselkloster unweit Bukarest, das Vlad Tepes während seiner zweiten Regierung mit großzügigen Landschenkungen ausgestattet und befestigt hatte. Sein Kopf hingegen, sorgfältigst in Honig konserviert, wurde als handgreifliches Beweisstück Mehmed II. übersandt, sodann auf einer Stange befestigt und zur Schau gestellt:

Finis Draculae

Türkische Roßschweife

Die Rückeroberung von Schabatz und die Beseitigung des Vlad Tepes stellten den Vorzustand türkischen Einflusses im gesamten Donaubereich wieder her. 1479 war Venedig gezwungen, seinen Krieg mit dem Sultan zu beenden und einen höchst ungünstigen Friedensvertrag zu unterzeichnen, der neben dem Verlust seiner Besitzungen in der Ägäis die Anerkennung der türkischen Oberherrschaft beinhaltete. 1481 landeten die Osmanen in Italien und eroberten Otranto. Nur der Tod Mehmed II. verhinderte

Die Klosterkirche von Snagov

den Marsch auf Rom. Nach einer Zeit der Konsolidierung setzten die Nachfolger Mehmeds die Politik der Expansion kontinuierlich fort. Im Nahen Osten gewannen sie die Herrschaft über Syrien und Ägypten und wurden so zur führenden Macht des Islam. Im Westen fiel 1526 (Schlacht von Mohács) das ungarische Königreich. 1529 standen die Türken zum erstenmal vor Wien.

In der Folge der türkischen Eroberungen verloren die rumänischen Fürstentümer ihre außenpolitische Unabhängigkeit, konnten sich aber einen halbautonomen Status bewahren. Die Osmanen zogen es vor, die Fürstentümer nicht in türkische Provinzen zu verwandeln, sondern sie durch einheimische, später griechische Woiwoden (Hospodare), die sie nach Belieben auswechselten, auszubeuten.

Wer war Vlad Tepes? Eine Beurteilung, die ihn auf eine nur pathologische, krankhaft grausame und blutrünstige Figur reduziert, interpretiert die Person und die Absichten des Fürsten sicherlich ebenso verkürzt wie die Jubelgesänge der rumänischen Presse, die das andere Extrem kultivieren:

»›Durch seinen politischen Klarblick, sein diplomatisches Geschick und seine großen militärischen Fähigkeiten verkörperte Vlad Tepes die Geschichte seines Volkes selbst. Die Liebe zum Vaterland, die Ergebenheit gegenüber den großen Werten des eigenen Volkes werden zu einer materiellen Gewalt, die imstande ist, dem Ansturm selbst der größten Mächte standzuhalten. Das ist die große politische Lehre, die sich aus dem Leben und Wirken des Fürsten Vlad Tepes ergibt.‹

Und an anderer Stelle heißt es unter Bezug auf die neueste Geschichtsforschung: ›Der hervorragende Fürst wird zu neuem Leben erweckt, und seine wahre historische Identität erhält immer genauere Konturen – als großer europäischer Staatschef der zweiten Hälfte des 15. Jahrhunderts, als symbolische Gestalt eines Europas, das seinen Weg einer modernen Entwicklung suchte und zugleich bis zum letzten Opfer kämpfte, um seine geistige Identität, seinen Glauben und seine Ideale zu verteidigen – vor einer Invasion, die unaufhaltsam schien.‹«[96]

Vlad Tepes befand sich an der Nahtstelle zweier Gesellschaftssysteme und erkannte im türkischen Feudalabsolutismus und dessen Effizienz das überlegenere Prinzip. In dem Aufbau einer starken Zentralgewalt sah er die einzige Chance, seine Herrschaft im Innern wie nach außen zu erhalten. Dafür war er bereit, einen hohen Preis zu zahlen, was ihm um so leichter fiel, als sich Pflicht und Neigung in seiner Person aufs innigste verbanden. Unangenehme Aufgaben, das Vorgehen gegen die Bojaren oder die Disziplinierung des Heeres, waren ihm nicht so sehr Last, sondern Lust.

In seinem Buch »Masse und Macht« hat Elias Canetti eine Unterscheidung zwischen Macht und Gewalt vorgenommen, die mit Vlad Tepes in Zusammenhang gebracht werden kann. Er schreibt:

»Mit Gewalt verbindet man die Vorstellung von etwas, das nah und gegenwärtig ist. Sie ist zwingender und unmittelbarer als die Macht... Wenn die Gewalt sich mehr Zeit läßt, wird sie zur Macht. Aber im akuten Augenblick, der dann doch einmal kommt, im Augenblick der Entscheidung und Unwiderruflichkeit, ist sie wieder reine Gewalt.«[97]

Die Frage der übertriebenen Gewaltanwendung wird zum Problem der nicht vorhandenen Zeit. Für Vlad Tepes gab es einen Entscheidungsnotstand in Permanenz. In einem nicht gewinnbaren Wettlauf gegen die Kräfte, die ihm die Gesetze seines Handelns weitgehend vorschrieben, herrschte er gewalttätig, weil er nie mächtig war.

Innenansicht der Klosterkirche von Snagov, vor der Altarwand das Grab des Fürsten Vlad Tepes

Anhang

Landschaft am Borgo-Paß, wo nach Bram Stokers Roman die Kutsche Graf Draculas auf Jonathan Harker wartete.

Bram Stoker, Vlad Tepes
und die Vampirlegende

*Nachleben des Fürsten in der Überlieferung. Kurzer Abriß eines
Zusammentreffens. Stokers Quellen. Begriffsgeschichte des
Bösen. Erfolg in Buch und Film.*

Der Leser wird enttäuscht sein, daß keiner der bekannten Über-
lieferungsstränge Vlad Tepes vampirische Eigenschaften zubil-
ligt. Der deutsch/ungarische, der während der ersten Hälfte des
16. Jahrhunderts eine verblüffend weite Verbreitung in Nord-
und mehr noch in Süddeutschland fand, beläßt es bei der Bezeichnung »wutrich und tirann«. Der russische dagegen nimmt
Vlad Tepes für die eigene Geschichte in Beschlag. Nach der
Herrschaft Iwan IV. des Schrecklichen (eigentlich der Ge-
strenge, russ. groznyj), 1546–1584, wird in den ›Dracula‹-Hand-
schriften die Bezeichnung »Woiwode« durch »Zar« ersetzt, Vlad
Tepes selbst als »groznyj« bezeichnet. Im Laufe der Zeit kommt
es zu inhaltlichen Überschneidungen; so wird die Gesandten-
episode, das Annageln der Turbane an die Köpfe der türkischen
Botschafter, schließlich Iwan IV. zugeschrieben.

Mitte des 16. Jahrhunderts nimmt das deutsche Interesse am
»Trakle waida« rapide ab, das russische hält sich immerhin bis
zum Anfang des 18. Jahrhunderts. Im Rumänien des 19. Jahrhunderts, auf dem Höhepunkt der nationalen Freiheits- und
Erneuerungsbewegung, wurde Vlad Tepes wieder Beachtung
geschenkt. Mihail Eminescu (1850–1889), der rumänische Na-
tionaldichter, pries in einem Briefgedicht (Scrisoarea III, 1881)
die heldenhafte Vergangenheit des rumänischen Volkes und
wünschte sich einen Vlad Tepes, um ihn auf die Philister, die
dekadente Bukarester Gesellschaft und die perfiden Politiker
loszulassen. Vasile Alecsandri (1819–1890), einer der bedeutendsten rumänischen Theaterautoren hielt Vlad Tepes dagegen
für innerlich verkommen und unwert einer Beschreibung. Der
Fürst stand für ihn auf einer Stufe mit blutigen türkischen Ty-
rannen. Der Lyriker Ion N. Theodorescu (d. i. Tudor Arghezi,
1880–1967) bezog eine Zwischenposition. Er billigte Vlad Tepes
wohl ein politisches Konzept zu, meinte aber, daß man mit sol-

chen Methoden die Zustände eines Landes nicht verbessern könne. Eine literarische Tradition, die Vlad Tepes mit dem Vampirismus in Zusammenhang gebracht hätte, hat es bis Stoker nicht gegeben.

Es hätte anders sein können. Sucht man den Vampir in Vlad Tepes, gäbe es manchen ernst zu nehmenden Hinweis. Denn wer wird ein Vampir? Selbstredend der, der von einem solchen gebissen wird, aber das ist nur der kleinere Teil der Opfer. Klassisch sind vielmehr diese beiden Auffassungen: daß die Verwandlung in einen Vampir Folge der Todesart sein kann oder aber eine Strafe ist.

Im ersteren Fall geht man davon aus, daß jedes Leben zu Ende gelebt sein will. Plötzliche Eingriffe, ein tödlicher Unfall, Selbstmord, Tod im Kindbett, Ermordung etc. unterbrechen den natürlichen Ablauf und lassen die Seele im Grabe keine Ruhe finden. Der zweite Fall trifft auf Menschen zu, die sich abgründig Böses haben zuschulden kommen lassen oder, was damit korrespondieren kann, mit dem Teufel im Bunde stehen.

Und da verdichtet sich der Verdacht gegen Vlad Tepes: bedenkt man seinen plötzlichen, gewaltsamen Tod, sein nicht zu Ende gelebtes Leben im Verein mit seinen blutigen Taten, schließlich seine dreimalige »Wiederauferstehung«. Vlad Tepes wurde um die Jahreswende erschlagen. Beileibe kein Zeitpunkt wie jeder andere. Hier, an der Schwelle zwischen Vergangenheit und Zukunft, im Zwielicht der Zeitenwende, hat das Böse Macht über die Erde, müssen besondere Vorkehrungen getroffen werden, um Leib und Seele gegen die teuflischen Mächte zu verteidigen. Vlad Tepes aber, so es wirklich einen teuflischen Angriff abzuwehren galt, war vollständig unverteidigt, da ihm in der Eile weder Beichte noch Sakrament zuteil werden konnten.

Ein weiterer Anhaltspunkt ergibt sich, wenn wir über seinen Beinamen Draculea, Draculs Sohn, nachsinnen. Mochte sein Vater ein Mitglied des Drachenordens sein, dessen mildes Motto »O wie barmherzig ist Gott, wie gerecht und fromm«, lautete, dem Sohne traute man andere Qualitäten zu. Ist es richtig, daß Vlad II. und Vlad III. ihre Beinamen dem Sigismundschen Drachenorden (vgl. S. 14) verdanken, sich diese also vom lateinischen »draco« ableiten, so mußten diese Namen in der Walachei schon deshalb mißverstanden werden, weil im Rumänischen »balaur« oder manchmal auch »zmeu« (Ungeheuer) den Drachen bezeichnet[98], »drac« hingegen Teufel bedeutet (das Suffix-ul ist der bestimmte Artikel).

Drache oder Teufel, darüber zu streiten wäre müßig:

> »Und es erschien ein ander Zeichen am Himmel, und siehe, ein großer, roter Drache, der hatte sieben Häupter und zehn Hörner und auf seinen Häuptern sieben Kronen;
> Und es erhob sich ein Streit im Himmel: Michael und seine Engel stritten mit dem Drachen; und der Drache stritt und seine Engel, und siegten nicht, auch ward ihre Stätte nicht mehr gefunden im Himmel.
> Und es ward ausgeworfen der große Drache, die alte Schlange, die da heißt der Teufel und Satanas, der die ganze Welt verführt, und ward geworfen auf die Erde, und seine Engel wurden auch dahin geworfen.«[99]

Der Drache ist die Verkörperung des Bösen, des Teufels, der Versuchung. Die sieben Köpfe symbolisieren die sieben Hauptlaster: Hochmut, Neid, Zorn, Traurigkeit, Geiz, Gefräßigkeit und Unkeuschheit. Für sich genommen ist er das Zeichen des Chaos, der ungebändigten Kräfte, die erst Christus endgültig besiegt hat. Das Erscheinungsbild des Drachen legt Parallelen zu Vlad Tepes nahe: »... ein landverheerendes, menschenverschlingendes Untier, oft mit Fledermausflügeln ausgestattet, von entsetzlichem Aussehn.«[100]

Über den Drachen (draco) haben wir also die vampirischen Gefilde erreicht, wie aber, wenn, wie oben angenommen, über den Teufel (drac) assoziiert worden wäre? Der Teufel ist mit der Fledermaus eng verknüpft. Sie gilt als Dienerin Satans und die Begriffe Teufel und Fledermaus werden oft synonym gebraucht.[101] Bei Teufelsaustreibungen fliegt zum Beispiel der böse Geist in Gestalt einer Fledermaus aus dem Mund des Besessenen. Wer mit dem Teufel, dem großen Drachen, im Bunde steht, kann zum Vampir werden und eine Erscheinungsform des Vampirs ist die Fledermaus. Als Mittelding zwischen Vogel und Maus, als Nachttier und blutsaugendes Wesen, wurde sie dem Vampir zugeordnet, diesem Mittelding zwischen tot und lebendig, der nachts sein Grab verläßt und ebenfalls saugend seine Zeit hinbringt.

Daß es trotz dieser Verdachtsmomente nicht zu einer Kombination von Vlad Tepes und dem Vampirmythos gekommen ist, dürfte den Türken zu verdanken sein. Ein Vampir ohne Kopf ist schlechterdings unvorstellbar, und um eben diesen hatten ihn ja die Türken gebracht.

Die Vereinigung der widerstrebenden Hälften, die Versöhnung von Metaphysik und Faktizität, ist das Verdienst des irischen Schriftstellers Abraham (Bram) Stoker. Stoker, 1847 in Dublin geboren, Absolvent des Trinity Colleges und Manager des berühmten Mimen Sir Henry Irving, hatte schon früh Interesse an Vampiren gezeigt. Insbesondere Sheridan LeFanus Vampirerzählung »Carmilla«, 1872 erschienen, hatte es ihm angetan und inspirierte ihn zu einem ersten Romananfang, den er aber später verwarf.[102]

Die Faszination fürs Okkulte mußte Stoker früher oder später auf Transsilvanien stoßen lassen, das Land, das wie kein anderes auf der Welt Material über Vampire berge, wie James Frazer in seinem Buch »The Golden Bough«, London 1890, ausführte, das im Rufe steht, eine der Quellen für Stokers Imaginationen gewesen zu sein. Im Britischen Museum fand sich noch mehr zum Thema. E. C. G. Murrays »The National Songs and Legends of Romania« war bereits 1852 herausgekommen und E. Mawes »Roumanian Fairy Tales and Legends« folgte 1881. Mit hoher Wahrscheinlichkeit machte sich Stoker mit Emily Gerards Reisebeschreibung »The Land Beyond the Forest«, London 1888, vertraut, die ausführlich auf den Vampirglauben dieser Gegenden eingeht und siebenbürgische Sagen referiert. Im gleichen Jahr erschien auch Walkers »Untrodden Paths in Roumania«.

Der entscheidende Auslöser zur Konzeption eines »Super-Vampirs«, wie er Stoker vorschwebte, war aber wohl jener Abend im Jahre 1890, an dem Stoker die Bekanntschaft des renommierten ungarischen Orientalisten Hermann (Arminius) Vambery machte. Vambery, 1832 geboren, hatte sich durch seine Reisen in den Orient einen Namen gemacht. Als Derwisch verkleidet war er bis Samarkand gepilgert und mit wertvollen geographischen und linguistischen Erkenntnissen zurückgekehrt, die ihm 1865 eine Professur für orientalische Sprachen an der Universität Budapest einbrachten. Den Schwerpunkt seiner Forschungen bildeten zwar die Kulturen Mittelasiens, doch beschäftigte er sich auch intensiv mit dem Osmanenreich und der Geschichte seines eigenen Landes. 1887 war seine »History of Hungary« in London erschienen. Vambery also, Stoker erwähnt ihn ausdrücklich in seinem Roman, informierte ihn über Vlad Tepes und die damit zusammenhängenden Überlieferungen. Stoker hatte sogar die Möglichkeit, Vamberys Bericht an einem Originaldokument zu überprüfen: kurz bevor er zu schreiben begann, erwarb das Britische Museum eine der deutschen ›Dracula‹-Flugschriften.[103]

Bei seinen weiteren Recherchen sah sich Stoker immer wieder mit dem rumänischen Vampirglauben und seinen Auswirkungen konfrontiert. In einschlägigen Werken fanden sich merkwürdige Bräuche verzeichnet. So war es in Rumänien üblich, die Leichen der Bestatteten in bestimmten Abständen auszugraben und nachzusehen, ob sie sich in Vampire verwandelt hatten; Kinder grub man nach drei, junge Leute nach fünf, alle übrigen nach sieben Jahren aus. War der Verwesungsprozeß vollständig, wurden die Knochen in Wein und Wasser gewaschen und wieder begraben, war er es nicht, wurde der Tote für einen Vampir gehalten und dem üblichen Verfahren unterworfen:

»Entweder bohrt man einen Stab durch den Nabel oder schneidet das Herz heraus. Das Herz muß auf Holzkohlenfeuer verbrannt werden, es kann auch gekocht oder mit einer Sichel in Stücke geschnitten werden. Falls das Herz verbrannt wird, muß man die Asche sammeln. Hin und wieder ist es üblich, sie in einen Fluß zu streuen, aber gewöhnlich wird sie mit Wasser vermischt und kranken Leuten zu trinken gegeben. Man kann sie auch als Salbe benutzen, um Kinder und Tiere vor dem Bösen zu schützen.«[104]

Die Angst vor Vampiren grassierte dermaßen, daß der Bischof von Siges 1801 den Fürsten der Walachei, Alexander Moruzi, dringend bat, dafür zu sorgen, daß die Bauern von Stoesti nicht dauernd ihre Toten ausgrüben. Aufgrund der Befürchtungen, daß sie Vampire seien, wäre das schon zweimal geschehen. Noch 1919/20 soll es in der Bukowina zu Leichenausgrabungen gekommen sein. Grauenhafte Geschichten wurden kolportiert:

»Vor einigen 15 Jahren starb im Dorf Amarasti im Norden von Dolj eine alte Frau, die Mutter des Bauern Dinu Georghita. Nach einigen Monaten begannen die Kinder ihres ältesten Sohnes zu sterben, eins nach dem andern, und danach die Kinder ihres jüngsten Sohnes. Die Söhne bekamen es mit der Angst zu tun, öffneten nachts das Grab, schnitten sie in zwei Teile und begruben sie wieder. Trotzdem hörte das Sterben nicht auf. Sie öffneten das Grab ein zweitesmal und was mußten sie sehen? Der Körper war vollkommen unverletzt, ohne eine einzige Wunde. Es war ein großes Wunder. Sie nahmen sie und trugen sie in einen Wald und legten sie unter einen großen Baum in einem abgelegenen Teil des Waldes. Dort schnitten sie sie auf, nahmen ihr Herz heraus, aus dem Blut floß, schnitten es in vier Teile, legten diese in ein Kohlefeuer und verbrannten sie. Sie nahmen die Asche und gaben sie mit Wasser vermengt, den Kindern zu trinken. Den Leichnam warfen sie in ein Feuer und verbrannten ihn und vergruben die Asche. Da hörte das Sterben auf.

In der Nähe von Cusmir kam es in einer Familie rasch hintereinander zu mehreren Todesfällen und der Verdacht fiel auf einen alten Mann, der schon lange tot war. Als sie ihn ausgruben, fanden sie ihn im Türkensitz hingekauert und über und über rot, schließlich hatte er die ganze Familie, alles starke, junge Männer, feine Kerle, verzehrt. Als sie ihn herauszuholen versuchten, leistete er Widerstand; bösartig und schrecklich war das. Sie zogen ihm eins mit der Axt über und holten ihn heraus, aber sie konnten ihn nicht mit dem Messer ritzen. So nahmen sie eine Sichel und eine Axt, schnitten sein Herz und seine Leber heraus, verbrannten sie und gaben sie kranken Leuten zu trinken. Sie tranken und ihre Gesundheit kehrte zurück. Der alte Mann wurde wieder begraben und das Sterben hörte auf.«[105]

Daß sein Roman, der 1897 in London erschien, eine so außerordentliche Verbreitung fand, lag nicht zuletzt daran, daß Stoker es verstand, die Elemente des Übersinnlichen authentisch aufzubereiten. Der dokumentarische Charakter des Buches, die Tagebuchnotizen, Protokolle und Briefe, die exakte Beschreibung der Eisenbahn- und Schiffsreisen und der geographischen Details, suggerierten genauso Echtheit wie die Wahl des in der Tat vampirverdächtigen Transsylvanien als Tummelplatz seines Supervampirs.

Die Verbindung von Vampir und Realhistorie komplettierte die Authentizität, machte sie vollends bedrohlich, da der Wahrheitsgehalt der Geschichte scheinbar überprüft werden konnte. Die Verlagswerbung wurde nicht müde, gerade diesen Aspekt zu betonen:

»Mr. Bram Stoker hat die Gestalt des Vampirs nicht erfunden – sie ist so alt wie die Menschheit selbst, und man kann sie in den Legenden fast aller Länder wiederfinden. Jeder Leser erhält bei der Lektüre einen unauslöschlichen Eindruck von den furchtbaren Möglichkeiten, welche in der menschlichen Existenz verborgen liegen.«[106]

Daß man den Roman nicht nur als Fiktion begriff, sondern auch plan realistisch las, beweist das Verlangen nach handfester ›Information‹, das in der Folge des Romans verstärkt auftrat und so seltsame Produkte wie A. O. Eaves' »Modern Vampirism: its dangers and how to avoid them« hervorbrachte, in dem neben dem bewährten Knoblauch sogar Salpetersäure als Abwehrmittel gegen Vampire empfohlen wurde. Den Public-Relations-Effekt einer realistischen Vampirlegende nützte später auch der ›Dracula‹-Darsteller Bela Lugosi aus, ein Ungar, der in bewußter Selbststilisierung hervorhob, daß er einem Land entstamme, in dem an Vampiren kein Mangel sei.

Stokers Roman wurde der erfolgreichste Vampirroman überhaupt, sein Held zum Synonym des Vampirs schlechthin. 1925 wurde »Dracula« fürs Theater bearbeitet und mit großem Erfolg in London und New York aufgeführt. Am 14. September 1927 wurde in London bereits die 250. Vorstellung gegeben. Stilecht überreichte man den Besuchern ein geheimnisvolles, schwarzes Päckchen, das neben einer Sonderausgabe von Stokers Erzählung eine Fledermaus enthielt, die beim Öffnen eilends entflatterte.

Den wirklichen Durchbruch für den blutsaugenden Grafen erzielte der Film. Die Geschichte des Vampirfilms, die nicht nur die der »Dracula«-Filme ist, braucht hier nicht referiert zu werden, sie ist längst geschrieben (siehe Bibliographie). Es seien daher nur einige signifikante Stationen genannt, die das vampirische ›Dracula‹-Bild entscheidend geprägt haben.

»Nosferatu – Eine Symphonie des Grauens«, 1922 von Friedrich Wilhelm Murnau (Pseudonym für F. W. Plumpe) gedreht, mit Max Schreck in der Rolle des Grafen. Einer der bedeutendsten deutschen Stummfilme. Trotz abweichender Titelei eine Adaption des Stokerschen Romans. ›Der‹ Klassiker des Genres.

»Dracula«, gedreht 1930 unter der Regie von Ted Browning. Die amerikanische Version, in der erstmals Bela Lugosi als abgründig böser Vampirgraf im Film brillierte. Vorher hatte er schon der amerikanischen Theaterfassung des Stoffes zum Erfolg verholfen. Wie es heißt, identifizierte sich Bela Lugosi so sehr mit seiner Rolle »ich bin Dracula«, daß er darum bat, in einem schwarz-roten Umhang begraben zu werden. Lugosi wurde zu einer Leitfigur des Vampirfilms. Einige weitere Filme, in denen er in der Rolle des Grafen zu sehen war, sind: »Mark of the Vampire«, Regie Tod Browning, 1935, »The Devil Bat«, Regie Jean Yarbrough, 1940, »The Return of the Vampire«, Regie Lew Landers, 1943, »Devil Bat's Daughter«, Regie Frank Wisbar, 1946.

Ende der 50er Jahre kreierte die kleine englische Filmfirma »Hammer-Productions« eine Dracula-Serie. Der Graf wurde von Christopher Lee verkörpert, dem Bela Lugosi seinen ›magischen‹ Ring verehrt hatte, was ihn gewissermaßen in den Rang eines legitimen Nachfolgers erhob. Lee hatte auch sonst Geheimnisvolles aufzuweisen. Er stammte aus einer italienischen Adelsfamilie und behauptete, seinen Stammbaum bis auf Karl den Großen zurückführen zu können. Sein Auftritt als Vampir-

graf war seine erste Hauptrolle und seine letzte Chance im Film-
geschäft, vorher hatte er zehn Jahre lang Nebenrollen gespielt.
Als beste Filme des zwölf Jahre umspannenden Vampir-Zyklus
der »Hammer« gelten: »Dracula«, 1958, in der Regie von Terence
Fisher, »Dracula – Prince of Darkness« (Blut für Drakula), 1965,
gleichfalls von Fisher inszeniert, »Kiss of the Vampire« (Der Kuß
des Vampirs), 1963, Regie Don Sharp, und »Dracula Has Risen
from the Grave« (Draculas Rückkehr), 1968, in der Regie von
Freddie Francis.

Italien lieferte seinen Beitrag mit »La Maschera del Demonio«
(Die Stunde, wenn Dracula kommt), 1960, Regie Mario Bava,
und aus der Bundesrepublik kam, leider durch Kürzungen und
nachträglich eingebaute Szenen ruiniert, Hans W. Geissendör-
fers »Jonathan«, 1969.

Das Jahr 1979 brachte eine Renaissance des Vampirfilms und
Dracula gleich dreimal in die Kinos. Der deutsche Großmystiker
Werner Herzog verband sich mit dem illustren Klaus Kinski zu
»Nosferatu – Phantom der Nacht«, ein Film, der manchen Kriti-
ker zu wahren Hymnen hinriß. John Badhams Hollywood-
»Dracula« mit dem schönen Frank Langella in der Hauptrolle,
versprach zunächst Neues, indem er den Grafen als melancho-
lisch-romantischen Bösen à la Byron präsentierte. Die an sich
reizvolle Konzeption wurde aber durch eine Überfülle von Stil-
brüchen heillos torpediert. Der dritte, Stan Dragoti, hat mit
»Liebe auf den ersten Biß«, Dracula-Darsteller ist George Ha-
milton, eine Persiflage des Vampirfilms geliefert, die den Klassiker der parodistischen Behandlung des Dracula-Themas Roman
Polanskis »The Vampyre Killers« (Tanz der Vampire), 1966, leider nicht übertrifft.

Der Vampir-Film der 80er Jahre debütierte mit »The Hunger«
(Begierde). Ein Regisseur aus der Schule des britischen Werbe-
films, Tony Scott, und eine Starbesetzung, Catherine Deneuve
und David Bowie, machten ihn zu einem »eleganten, glitzern-
den, kühlen ›camp‹-Film über Vampirismus und lesbische
Liebe… im hochpolierten ›high-fashion‹-Stil eines Modemaga-
zins a la Vogue«, schrieb Helmut Banz in seiner Filmkritik und
resümierte: »Wo nichts ist, da ist Verpackung alles.«

Freilich, was ist der armselige Horror der Film-Draculas, die
an Regeln gebunden sind und noch jedesmal von ihren Kontra-
henten vernichtet werden, gegen die Attitüde der Macht, die
Vlad Tepes repräsentiert. Dracula, der Vampir, ist zutiefst pri-

vat, seine Methoden sind dem Repertoire bürgerlicher Courteoisie entnommen. Er muß die Rolle des zuvorkommenden Gastgebers oder des faszinierenden Liebhabers spielen, um seine Opfer ins Netz zu locken. Die Orte, die er dazu wählt, sind danach. Friedhöfe, halb verfallene Burgen, dumpfe Keller, Verstecke eben, man darf ihn nicht erwischen, schon wäre er enttarnt.

Vlad Tepes hingegen ist die Öffentlichkeit par excellence. Wenn er tötet, dann im strahlenden Licht des Tages, alle sollen es sehen und sich fürchten. Er ist Herr über Leben und Tod zu jeder Zeit, keiner, der ihm dieses Recht streitig zu machen wagte. Wo er befiehlt, wird gestorben, wo er es will, belohnt. Der Vampir braucht den Teufel, beschwört ihn, verbündet sich mit ihm. Vlad Tepes in seiner Absolutheit braucht solche Hilfe nicht, er ist der Zorn Gottes, wer sonst wäre mit ihm?

Abzeichen des Drachenordens

Anmerkungen

Um die konstruktiv-kritische Durchsicht des Manuskripts hat sich Ernst Piper verdient gemacht. Mit Anregungen und Unterstützung haben Wolfgang Witte und Renate Wenige beigetragen. Klaus Wagenbach hat mir 1980 in doppelter Funktion als Verleger und Lektor getreulich zur Seite gestanden. Mein besonderer Dank aber gilt Rosemarie Paetau, deren gelungene Fotos das Buch illustrieren.

1 Reichsstände = diejenigen, die auf dem Reichstag Sitz und Stimme haben:

a) die geistlichen Fürsten (die Kurfürsten, gleichzeitig Erzbischöfe, von Köln, Mainz und Trier; Erzbischöfe und Bischöfe, Äbte und Äbtissinnen von reichsunmittelbaren Abteien)

b) die weltlichen Fürsten (Kurfürsten, Herzöge, Fürsten und Grafen)

c) die Reichsstädte (z. B. Nürnberg, Frankfurt, Hamburg; insgesamt etwa 70)

3 Im 15. Jahrhundert sind die beiden Stadtteile, die das heutige Budapest bilden, noch eigenständig. Buda oder Ofen mit der Königsburg liegt rechts, Pest links der Donau.

4 Das von Sigismund geführte Heer erlitt bei Nikopolis (1396) eine schwere Niederlage. Der König konnte nur mit Mühe entkommen.

5 1402 war das türkische Heer vom Mongolenkhan Timur dem Lahmen (Tamerlan) völlig besiegt worden, Sultan Bajesid in Gefangenschaft geraten. Nach Bajesids Tod 1403 stritten seine fünf Söhne über zehn Jahre um die Herrschaft, bis sich schließlich Mehmed I. durchsetzte.

6 1211–1225 hatten die versucht, Kronstadt zum Mittelpunkt eines siebenbürgischen Deutschordensstaates zu machen. Das Vorhaben war weder bei den deutschen Siedlern noch beim ungarischen König auf Gegenliebe gestoßen. Der Orden hatte seine Besitzungen räumen müssen und war einem Ruf des polnischen Königs gefolgt.

7 Ein Fachausdruck, der die im Landtag vertretenen gesellschaftlichen Kräfte gegen die nicht in ihm vertretenen abgrenzt.

8 Einige sehr schöne Szekler-Sagen finden sich abgedruckt in: F. Müller und M. Orend (Hrsg.); Siebenbürgische Sagen, Göttingen 1972, S. 275 ff.

9 Vgl. dazu Robert William Seton-Watson; History of the Rumanians, Cambridge 1934

10 Die gegenseitige Bannung wurde übrigens erst 1965 aufgehoben.

11 Ein Verbot, das die Rumänen durch die Schaffung einer einzigartigen Holzarchitektur unterliefen. Man besuche Cuhea in Nordsiebenbürgen.

12 Richard Friedenthal; Ketzer und Rebell – Jan Hus und das Jahrhundert der Revolutionskriege, München 1972_2, S. 442 / 443.

13 Zit. nach Quellen zur Geschichte der Siebenbürger Sachsen, gesammelt und bearbeitet von Ernst Wagner, Köln 1976, S. 66

14 A. a. O., S. 71, ich zitiere aus Gründen der Deutlichkeit die Ergänzungsfassung vom 6. Februar 1438

15 Zit. nach Joseph Loserth; Geschichte des Späten Mittelalters, München und Berlin 1903, S. 512

16 Diese Bezeichnung führten die Herrscher Serbiens als Ehrentitel. Im byzantinischen Kaiserreich, zu dem Serbien gehört hatte, war er als Ehrenbezeichnung kaiserlicher Prinzen, für Statthalter von Provinzen und Vasallenfürsten in Gebrauch. Seine abwertende Bedeutung im Sinne von Willkürherrschaft datiert aus späterer Zeit.

17 Zit. nach Quellen zur Geschichte der Siebenbürger Sachsen, a. a. O., S. 72/73

18 Nach Stephan I. dem Heiligen (997–1038), dem ersten ungarischen König benannte Krone. Mit ihr mußte (fast) jeder ungarische König gekrönt werden.

19 Anonyme griechische Chronik (Anonymus Zoras); Leben und Taten der türkischen Kaiser, hrsg. und übersetzt von Richard Kreutel, Graz u. a. 1971, S. 76

20 Türkische Quelle, zit. nach Vilmos v. Zsolnay; Vereinigungsversuche Südosteuropas im XV. Jh. – Johann von Hunyadi, Frankfurt/M. 1967, S. 48, Anm. 18

21 Die Kirchenvereinigung, die sogenannte Union, bestand nur kurz. In Konstantinopel kam es zu Protesten, der Hauptvertreter der griechischen Theologie, Marcus Eugenicus, Erzbischof von Ephesos, verweigerte die Unterschrift, und 1443 sprachen die Patriarchen von Alexandria, Antiochia und Jerusalem den Bann über die ›Unierten‹ aus.

22 Seit Anfang des 14. Jahrhunderts war Kleinasien in verschiedene türkische Machtbereiche aufgesplittert. Ein Fürstentum, das ein Türke namens Osman begründete, entwickelte sich innerhalb von 100 Jahren zu dem Staat, den wir etwas ungenau als Türkisches Reich bezeichnen, da wir damit eine unzulängliche Monopolisierung des Begriffes vornehmen. Diese Türken nannten sich, in Abgrenzung zu anderen türkischen Stammesfürstentümern, Osmanen, ihr Reich dementsprechend Osmanisches Reich.

23 Zit nach Arno Borst; Lebensformen im Mittelalter, Frankfurt/M. u. a. 1973, S. 632

24 Die Bogumilen (›Gottesfreunde‹) waren wie die Albigenser in Frankreich eine gegen die etablierte Kirche in Ost und West gerichtete Protestbewegung. Sie forderten die Rückkehr zur reinen Lehre Jesu, anerkannten nur Teile der Bibel, insbesondere das Neue Testament, opponierten gegen die Amoral des Klerus und forderten strenge Askese (Ehelosigkeit, kein irdischer Besitz, vegetarische Lebensweise). Abendmahl und Taufe lehnten sie ab. Dagegen betonten sie die Priorität der Predigt im Gottesdienst.

25 Zit. nach Zsolnay; Vereinigungsversuche a. a. O., S. 160

26 a. a. O., S. 55, Anm. 73:
   ... ut imperium finesque suos non solum tuerentur sed etiam ad Hellespontum et Aegeum usque mare propagaret.

27 a. a. O., S. 60, Anm. 31:
   ... spes est victoriam hanc in his partibus parituram magnas novitates contra Turcos et multos alienaturam ab eorum obedientia.

28 Anonymus Zoras a.a.O., S. 77/78

29 Karl May; Der Schut, Herrsching o. J., S. 233/234

30 Memoiren eines Janitscharen oder Türkische Chronik, eingeleitet und übersetzt von Renate Lachmann, Graz u. a. 1975, S. 97

31 Johann Christian Engel; Geschichte der Moldau und der Walachei, Halle 1804

32 »Alaun war ein Mineral, das für die Tuchproduktion benötigt wurde. Es war unentbehrlich zur Erhöhung der Haltbarkeit und Leuchtkraft der Farben. Da Alaun nur in vulkanischem Gestein vorkommt, war es außerordentlich kostbar und schwer zu beschaffen.« Ernst Piper; Savonarola, Berlin 1979, S. 27
Man verwandte es außerdem zum Beizen von Leder, in der Medizin (als blutstillendes Mittel und als Zahnpulver), sowie als Brotzusatz (um schlechtes Mehl verwendbar zu machen). 1437 hatten die Genuesen das Monopol zur Ausbeutung der Alaunvorkommen auf Lesbos und in Kleinasien vom Sultan gepachtet. Erst 1462, nachdem man nördlich von Rom große Alaunlagerstätten entdeckt hatte, wurde man vom türkischen Alaun unabhängig.

33 Zwischen 1453 und 1623 waren von 48 Wesiren (Ministern) nur fünf Türken.

34 Einen ›Ewigen Landfrieden‹ verkündete im Deutschen Reich Maximilian I. 1495. Man hielt sich nicht daran.

35 Der Koran, übersetzt von Ludwig Ullmann, München 1959, S. 153

36 Dagegen vertritt O. Halecki einen mehr anthropologischen Standpunkt: »In einem heldenhaften Angriff, der an den französischen bei Nicopoli erinnert (sic!), fiel der 20 Jahre alte König und mit ihm die Mehrzahl der polnischen Ritter.« Oskar Halecki; Geschichte Polens, Frankfurt/M. 1963, S. 80

37 Inwiefern die Türken schon deshalb besser fochten, weil sie vor Schlachtbeginn eine Tasse Kaffee zu sich zu nehmen pflegten, sei hier nicht untersucht. Zur tieferen Analyse dieser Problematik empfehle ich Heinrich E. Jacob; Sage und Siegeszug des Kaffees, Hamburg 1952

38 Zit. nach Borst; Lebensformen a.a.O., S. 632

39 Zit. nach Zsolnay; Vereinigungsversuche a.a.O., S. 104

40 Memoiren eines Janitscharen a.a.O., S. 103

41 Chalkokandyles war ein byzantinischer Historiograph, der um 1450 lebte. Er schrieb eine Geschichte der Türken und des Untergangs des byzantinischen Reiches in zehn Büchern.

42 Franz Babinger; Mehmed der Eroberer und seine Zeit, München 1959[2], S. 222

43 Nach der Eroberung Konstantinopels durch die christlichen Kreuzfahrer des IV. Kreuzzuges, 1204, flüchtete ein Prinz der byzantinischen Kaiserfamilie nach Trapezunt und begründete dort ein eigenes Kaiserreich. Im Verlauf seiner 250jährigen Geschichte mußte es erhebliche Gebietsverluste hinnehmen und umfaßte um 1450 wenig mehr als die Stadt selbst. Sie war allerdings ein wichtiger Handelsplatz und zahlte dem Sultan den Tribut eines Fürstentums, 2000 Dukaten.

44 Die letzten Tage von Konstantinopel (der auf den Fall Konstantinopels

bezügliche Teil des dem Georgios Sphrantzes zugeschriebenen ›Chronicon Maius‹), übersetzt von Endre von Ivànka, Graz u. a. 1973 (Reprint)

45 Rodney H. Hilton; Ein Kommentar (zum Übergang vom Feudalismus zum Kapitalismus) in: Paul Sweezy u. a.; Der Übergang vom Feudalismus zum Kapitalismus, Frankfurt/M. 1978, S. 154 und in: Ludolf Kuchenbuch (Hrsg.); Feudalismus – Materialien zur Theorie und Geschichte, Frankfurt/M. u. a. 1977, S. 398

46 Türkische Quelle zit. nach Baptistin Poujoulat; Geschichte des Osmanischen Reiches, Leipzig 1853, S. 45

47 Zit. nach Borst; Lebensformen a. a. O., S. 632/633

48 Zit. nach Zsolnay; Vereinigungsversuche, a. a. O., S. 133

49 a. a. O. S. 137

50 Biographisches Lexikon zur Geschichte Südosteuropas, hrsg. von M. Bernath und F. v. Schroeder, Band 2, München 1976, S. 289

51 Vgl. dazu das Kapitel »Diktatur Gottes« in Ernst Piper; Savonarola, Berlin 1979, S. 71 ff.

52 Matthäus 10, Vers 37–39, und 19, Vers 29

53 Nicolae Iorga; Geschichte des Osmanischen Reiches, Band 2, Gotha 1909, S. 78

54 a. a. O. S. 79

55 In einem historischen Roman des 19. Jahrhunderts, »Donauritte« von Bronteslaw Briegel wird die Affinität der Personen auf die Spitze getrieben. Briegel faßt die Ereignisse als Generationskonflikt auf und läßt die ›neue Herrschergeneration‹ (Mehmed wurde 1432 geboren, Vlad Tepes 1431, Stefan der Große 1437 und Matthias Hunyadi 1443) in einer Weinkneipe irgendwo nördlich von Tirnovo sich heimlich treffen. Dort bereden sie ihren großen Plan zur Umgestaltung der Welt durch Veränderung ihrer jeweiligen Gesellschaften in Richtung eines absolutistischen Staates. Die fiktionale Konstruktion hat ihren Reiz. Verglichen mit ihren auf Ausgleich und Balance bedachten Vätern, verkörpern die vier wirklich einen neuen Herrschertyp, der im Spannungsfeld der Begriffe Renaissancefürst und Despot anzusiedeln wäre.

56 Niccoló Machiavelli; Der Fürst, übersetzt und hrsg. von Rudolf Zorn, Stuttgart 1963, S. 38

57 Michel Beheim (1416–um 1475), ein Zeitgenosse Vlad Tepes', lebte am Hofe des ungarischen Königs Ladislaus V., schloß sich nach dessen Tod Friedrich III. an und pries schließlich in Heidelberg die Taten seines Brotherrn, des Kurfürsten Friedrich I. von der Pfalz.
Michel Beheim; von ainem wutrich der hies Trakle waida von der Walachei,
in: H. Gille und J. Spriewald (Hrsg.): Die Gedichte des Michel Beheim, Band 1, Berlin 1968, S. 288, Vers 88–90

58 Chalkokandyles, zit. nach Engel; Geschichte a. a. O. (vgl. auch Anm. 41)

59 Beheim; von ainem Wutrich a. a. O., S. 298, Vers 475–476

60 a. a. O., S. 280, Vers 171–172 (frei übertragen)

61 St. Gallener Manuskript, Nr. 806, zit. nach Ioan Bogdan; Vlad Tepes si naratiunile Germane si Rusesti asupra lui, Bukarest 1896, S. 104

62 Beheim; von ainem wutrich a. a. O. S. 296, Vers 384–393

63 rumänische Quelle, zit, nach R. Florescu/R. McNally; Dracula, A Biography of Vlad the Impaler 1431–1476, London 1974, S. 66/67

64 Zit. nach Engel a.a.O. S. 78 und Florescu/McNally a.a.O. S. 79 (deutsche und russische Quelle)

65 St. Gallener Manuskript a.a.O., S. 100/101

66 kompiliert und dramatisiert aus russischer (Florescu/McNally; Dracula a.a.O., S. 87/88) und deutscher Quelle (Bogdan; Vlad Tepes a.a.O., S. 105)

67 Zit. nach Babinger; Mehmed a.a.O., S. 232

68 Chalkokandyles, zit. nach Engel; Geschichte der Moldau a.a.O., S. 175

69 Zit. nach Florescu/McNally; Dracula a.a.O., S. 92–94

70 Memoiren eines Janitscharen a.a.O., S. 133/134

71 Türkische Quelle, zit. nach Jorga; Geschichte a.a.O., S. 116

72 Engel; Geschichte der Moldau a.a.O., S. 176

73 Chalkokandyles, zit. nach Engel a.a.O., S. 177

74 Jurij Striedter; Die Erzählung vom walachischen Vojevoden Drakula in der russischen und deutschen Überlieferung, in: Zeitschr. f. slav. Philologie, Band 29, Heft 2, Heidelberg 1961, S. 414

75 Süddeutsche Zeitung vom 28.6.1978

76 Nicolae Stoicescu; Vlad Tepes, Bucuresti 1976, S. 238

77 Philippe de Commynes; Memoiren, hrsg. v. F. Ernst, Stuttgart 1952, S. 274

78 Poujoulat a.a.O., S. 26

79 Georges Bataille; Gilles de Rais – Leben und Prozeß eines Kindermörders, Hamburg 1974[2], S. 52

80 Norbert Elias; Über den Prozeß der Zivilisation, Band 1, Frankfurt/M. 1977[3], S. 265–268

81 Alwin Schulz; Deutsches Leben im XIV. und XV. Jahrhundert, Wien 1892, S. 111

82 zit. nach Rudolf His; Das Strafrecht des deutschen Mittelalters, Teil 1, Aalen 1964, S. 517

83 a.a.O., S. 520

84 Soldan/Heppe; Geschichte der Hexenprozesse, Band 1, Hanau/M. o. J., (Reprint), S. 243

85 Religiöse Bewegung, gegründet von Petrus Waldus, einem reichen Lyoner Kaufmann, der sein Hab und Gut an die Armen verteilte, um Christus und den Aposteln nachzueifern. 1184 wird er aus der Kirche ausgeschlossen. Die Bewegung der Waldenser erfaßte Südfrankreich, Norditalien, Deutschland, Böhmen, Ungarn und Polen. Sie wurden von der Inquisition grausam verfolgt und fast vollständig vernichtet.

86 Zit. nach J. R. Grigulevic; Ketzer – Hexen – Inquisitoren, Berlin 1976, S. 159

87 Johan Huizinga; Herbst des Mittelalters, Stuttgart 1975[11], S. 24/25

88 Beheim, von ainem wutrich, a.a.O., S. 293, Vers 271–276

89 Roland Villeneuve; Grausamkeit und Sexualität, Stuttgart 1968, S. 89
Auf die abschreckende Wirkung dieser Strafe vertraute wohl auch jenes französische Kriegsgericht, das den Mörder des Generals Kléber zur Pfählung bei lebendigem Leibe bei vorheriger Verbrennung der

rechten Hand verurteilte. Die Hinrichtung wurde 1800 in Kairo vollzogen.

90 Die Forschung bietet eine ganze Palette möglicher Auflösungen an: 1. Rauthel (ung. Rudaly) bei Schäßburg; 2. Burg Königstein (Piatra Craiului) ca. 25 km westlich von Kronstadt; 3. der Rote-Turm-Paß; 4. Rucar, südlich von Kronstadt an der siebenbürgisch-walachischen Grenze.

91 Russische Quelle, zit. nach Florescu / McNally; Dracula a.a.O., S. 113

92 Engel; Geschichte der Moldau a.a.O., S. 131

93 Friedrich III. (vgl. S. 32) war 1452 zum Kaiser gekrönt worden.

94 Babinger; Mehmed a.a.O., S. 382

95 Engel; Geschichte der Moldau a.a.O., S. 141
Die polnische Gesandtschaft erreichte Mehmed bei Varna, als er bereits in Richtung Moldau marschierte. Er empfing sie ironisch zuvorkommend und versicherte ihnen treuherzig, daß er auf ihre Bitten bei anderer Gelegenheit gern Rücksicht nehmen würde, nur diesmal sei es leider unmöglich, da sich sein Heer schon in Bewegung gesetzt habe.

96 Zit. nach Christian M. Schöne, Fürst Dracula – ein grausamer Patriot, »Frankfurter Rundschau« vom 7. April 1979

97 Elias Canetti, Masse und Macht, Bd. 2, München 1976, S. 7

98 Vgl. Octavian Buhociu; Die rumänische Volkskultur und ihre Mythologie, Wiesbaden 1974, S. 35 f. und S. 242

99 Offenbarung, Kap. 12, Vers 3,7 – 9

100 Handwörterbuch des deutschen Aberglaubens, hrsg. von Hanns Bächtold-Stäubli, Bd. 2, 366, Berlin / Leipzig 1929 / 30; vgl. auch Ernest Ingersoll, Dragons and Dragon Lore, New York 1928

101 Vgl. dazu Will Erich Peuckert; deutscher Volksglaube des Spätmittelalters, Stuttgart 1942, und Handwörterbuch des deutschen Aberglaubens a.a.O. 1579 ff. und 1593 (für den slawischen Bereich), ferner J. E. Wessely; Die Gestalten des Todes und des Teufels in der darstellenden Kunst, Leipzig 1876.

102 »Draculas Gast«. Die Erzählung wurde erst nach Stokers Tod (1912) veröffentlicht. Wiederabgedruckt in Bram Stoker; Im Haus des Grafen Dracula – Erzählungen, ausgewählt und zusammengestellt von Michael Krüger, München 1980 (dtv phantastica)

103 Radu Florescu / Raymond T. McNally; In Search of Dracula, Greenwich (Connecticut) 1972, S. 180

104 Agnes Murgoci; The Vampire in Roumania. In: Folk-Lore, London 1926, Nr. 14, S. 326

105 a.a.O., S. 324 / 25

106 Zit. nach Basil Copper; Der Vampir in Legende, Kunst und Wirklichkeit, München 1974, S. 65

Bibliographie

Quellen

Deutsche ›Dracula‹-Handschriften finden sich abgedruckt bei Condratu, G. C.; Michael Beheims Gedicht über den Woiwoden Wlad II. Dracul, Diss. Leipzig 1903 und bei Bogdan, I.; Vlad Tepes si Naratiunile Germane si Rusesti asupra lui, Bukarest 1896, hier auch der Abdruck einer deutschen ›Dracula‹-Flugschrift »Uan deme quaden thyrane Dracole Wyda«, dieselbe Flugschrift auch in Engel, J. Ch.; Geschichte der Moldau und der Walachei, Halle 1804. Ferner in Harmening, D.; Der Anfang von Dracula, Würzburg 1983, sowie im Archiv des Vereins für siebenbürgische Landeskunde, NF, Bd. XXVII, 1896.

Das Gedicht Michael Beheims »von ainem wutrich der hies Trakle waida von der Walachei« in: Gille, H. / Spriewald, J.; Die Gedichte des Michael Beheim, Bd. 1, Berlin 1968.

Arif, M. (Hrsg.); Tursun Bey, Chronik, Revue Historique publiée par l'Institut d'Histoire Ottomane, Parts 26–38, Istanbul 1914–1916.

Bekker, E. (Hrsg.); Laonikos Chalkokondyles, De Origine ac rebus gestis Turcorum, Corpus Scriptorum Historiae Byzantinae, Bonn 1843.

Bogdan, I. (Hrsg.); Documente si regeste privitoare la relatiile Tarii Ruminesti cu Brasovul si Ungaria in secolul XV si XVI, Bukarest 1902.

ders. (Hrsg.); Documentele lui Stefan cel Mare, Bd. I–II, Bukarest 1913.

Documente privind Istoria Romaniei, Veazul XIV, XV.
A. Moldava, Vol. I (1384–1475)
Veazul XV
A. Moldava, Vol. II. (1476–1500), Bukarest 1954
Documente privind Istoria Romaniei, Veazul XIII, XIV si XV
B. Tara Romaneasca (1247–1500), Bukarest 1953.

Grecu, V. (Hrsg.); Michael Dukas, Historia Turco-Byzantina, Bukarest 1948.

Iorga, N. (Hrsg.); Acte si scrisori din archivele oraselor ardelene (Bistrita, Brasov, Sibiu), Partea I, 1358–1600, Bukarest 1911.

Ivanka, E. v. (Hrsg.); Die letzten Tage von Konstantinopel (der auf den Fall Konstantinopels bezügliche Teil des dem Georgios Sphrantzes zugeschriebenen ›Chronicon Maius‹), Graz u. a. 1973 (Reprint).

Kreutel, R. (Hrsg.); Anonyme griechische Chronik (Anonymus Zoras), Leben und Taten der türkischen Kaiser, Graz 1971.

ders.; Vom Hirtenzelt zur Hohen Pforte. Frühzeit und Aufstieg des Osmanenreiches nach der Chronik »Denkwürdigkeiten und Zeitläufe des Hauses Osman« von Derwisch Ahmed, genannt Asik-Pascha-Sohn, Graz 1959.

Kritoboulos of Imbros; History of Mehmed the Conqueror (translated by C. T. Riggs), Princeton 1954.

Memoiren eines Janitscharen oder Türkische Chronik, übersetzt von Renate Lachmann, Graz u. a. 1975.

Nano, F. C.; Condica tratatelor si a altor legaminte ala Romaniei 1354–1937, Bukarest 1938.

Nussbächer, G.; Aus Urkunden und Chroniken. Beiträge zur siebenbürgischen Heimatkunde, Bd. 1, Bukarest 1981, Bd. 2, Bukarest 1985.
Panaitescu, P. P.; Documentele Tarii Romanesti, Bd. 1: Documente interne (1369–1490), Bukarest 1938.
Piccolomini, E. S.; Ausgewählte Texte aus seinen Schriften, Basel 1960.
Quellen zur Geschichte der Siebenbürger Sachsen 1191–1975, gesammelt und bearbeitet von E. Wagner, Köln/Wien 1981$_2$.
Tappe, E. D.; Documents concerning Rumanian history (1427–1601), London 1964.
Urkundenbuch zur Geschichte der Deutschen in Siebenbürgen, Band 4, 1416–1437, begründet von F. Zimmermann, bearbeitet von G. Gündisch, Hermannstadt 1937;
dass.; Bd. 5, 1438–1457, Köln/Wien 1975;
dass.; Bd. 6, 1458–1473, Bukarest 1981.

Vlad Tepes / Dracula

Andreescu, St.; Vlad Tepes (Dracula), Intre legenda si adevar istoric, Bukarest 1976.
Bleyer, J.; Ein Gedicht Michael Beheims über Wlad IV., Woiwoden der Walachei (1456–1462), in: Archiv des Vereins f. siebenbürg. Landeskunde, N. F. XXXII, 1903.
Bogdan, I.; Vlad Tepes si Naratiunile Germane si Rusesti asupra lui, Bukarest 1896.
Cazacu, M.; L'Histoire du Prince Dracula. En Europe Centrale et Orientale, Genf 1988.
Ciobanu, R. S.; Pe urmele lui Vlad Tepes, Bukarest 1979.
Condratu, G. C.; Michael Beheims Gedichte über den Woiwoden Wlad II. Dracul, Diss. Leipzig 1903.
Deutsch, R./Andreescu, St.; Dracula oder Vlad Tzepes, Fürst der Walachei. Eine historiographische Untersuchung rumänischer Beiträge, in: Schweizerische Zeitschrift für Geschichte, Vol. 30, 1980, S. 59–71.
Gianfranco, G.; Drakula. Contributi alla storia delle idee politiche nell'Europa Orientale alle svolta del XV secolo, Venedig 1972.
Florescu, R./McNally, R.; Dracula – A Biography of Vlad the Impaler 1431–1476, London 1974.
Gündisch, G.; Vlad Tepes und die sächsischen Selbstverwaltungsgebiete Siebenbürgens, in: Revue Romaine d'Histoire, 8/1969, S. 981–992.
Harmening, D.; Der Anfang von Dracula. Zur Geschichte von Geschichten, Würzburg 1983.
Kirtley, B. F.; Dracula, The Monastic Chronicles and Slavic Folklore, in: Midwest Folklore 6 (1956), S. 133–139.
Nandris, G.; The Historical Dracula, in: Comparative Literature Studies 3 (1966), S. 367–396.
Neagoe, M.; Vlad Tepes. Figura eroica a poporului roman, Bukarest 1977.
Stavarus, I.; Povestiri Medievale despre Vlad Tepes – Draculea, Bukarest 1978.

Stoicescu, N.; Vlad Tepes, Bukarest 1976.

Striedter, J.; Die Erzählung vom wallachischen Vojevoden Dracula in der russischen und deutschen Überlieferung, in: Zeitschr. f. slav. Philologie, Bd. 29, 2 Heidelberg 1961.

Rumänien

Block, M.; Die Kultur Rumäniens, in: Handbuch der Kulturgeschichte, hrsg. v. Eugen Thurner. Die Kulturen der südlichen Romania, Konstanz 1964.

Chirot, D.; Social Change in a Peripheral Society, New York u. a. 1976.

Chronological History of Roumania, Bukarest 1974.

Ciobanu, V.; Tarile romane si Polonia. Secolele XIV – XVI., Iasi u. Bukarest 1985

Columbeanu, S. / Valentin, R.; Vlad Dracul, Bukarest 1978.

Elekes, L.; Die Anfänge der rumänischen Gesellschaft. Versuch einer rumänischen Entwicklungsgeschichte im 13.–16. Jahrhundert, in: Archivum Europae Centro-Orientalis 7 (1941).

Engel, J. Chr.; Geschichte der Moldau und der Walachei, Halle 1804.

Fischer-Galati, St. A.; Romania, New York 1957.

Forbes, N. u. a.; The Balkans: A History of Bulgaria, Serbia, Greece, Rumania and Turkey, Oxford 1915.

Grigoras, N.; Tara Romaneasca a Moldovei de la intemeierea statului pina la Stefan cel Mare (1359–1457), Iasi 1978

Hösch, E.; Geschichte der Balkanländer, München 1988.

Huber, M.; Grundzüge der Geschichte Rumäniens, Darmstadt 1973.

Iorga, N.; Geschichte der Rumänen und ihrer Kultur, Hermannstadt (Sibiu) 1929.

ders.; Geschichte des rumänischen Volkes, 2 Bde., Gotha 1905.

Karadja, C. J.; Die ältesten gedruckten Quellen zur Geschichte der Rumänen, in: Gutenberg-Jahrbuch 1934 (›Dracula‹-Holzschnitte).

Manolescu, R.; Comertul Tarii Rominesti si Moldovei cu Brasovul (sec. XIV–XVI), Bukarest 1965.

Minea, I.; Vlad Dracul, Bukarest 1928

Otetea, A. (Hrsg.); The History of the Romanian people, New York 1972 (amerik. Ausgabe der Istoria Poporului Roman, Bukarest 1970).

Papacostea, S.; Inceputurile politicii comerciale a Tarii Romanesti si Moldovei (secolele XIV–XV), Drum si stat. in: Studii si materiale de istorie medie, Bd. X, 1983, S. 9–56.

Rosetti, R.; Stephen the Great and the Turkish Invasion, in: Slavonic Review, 16 (1927).

Schevill, F.; The History of the Balkan Peninsula; New York 1933

Seton-Watson, R. W.; History of the Rumanians, Cambridge 1934 (Reprint 1963).

Stadtmüller, G.: Geschichte Südosteuropas, München 1976$_2$.

Zach, K.; Orthodoxe Kirche und rumänisches Volksbewußtsein im 15. bis 18. Jahrhundert, Wiesbaden 1977.

Siebenbürgen / Transsilvanien

Göllner, C. (Hrsg.); Geschichte der Deutschen auf dem Boden Rumäniens, Bd. 1 (12. Jh. bis 1848), Bukarest 1979.

Gündisch, G.; Siebenbürgen in der Türkenabwehr 1395–1526, in: Revue Roumaine d'Histoire, 1974/3, S. 416–443.

Jickeli, F.; Der Handel der Siebenbürger Sachsen in seiner geschichtlichen Entwicklung, in: Archiv des Vereins f. siebenbürg. Landeskunde, N. F. XXXIX, 1910.

Kaindl, R. F.; Geschichte der Deutschen in den Karpatenländern, Bd. 2. Geschichte der Deutschen in Galizien, Ungarn, der Bukowina u. Rumänien, Gotha 1910.

Köpeczi, B. (Hrsg.); Erdély története, Bd. 1 (bis 1606), Budapest 1986.

Pach, Z. P.; Verkehrsrouten des Levantehandels und Siebenbürgen im Mittelalter, in: Zeitschrift für Siebenbürgische Landeskunde, 1982/2, S. 128–141.

Pascu, St.; A History of Transsylvania, Detroit 1982.

ders.; Der transsilvanische Volksaufstand 1437–1438, Bukarest 1964.

Philippi, M.; Die Bürger von Kronstadt im 14. und 15. Jahrhundert; Köln/Wien 1986.

Schwob, M.; Kulturelle Beziehungen zwischen Nürnberg und den Deutschen im Südosten im 14. bis 16. Jahrhundert, München 1969.

Teutsch, Friedrich; Geschichte der Siebenbürger Sachsen, Hermannstadt 1907.

ders.; Kleine Geschichte der Siebenbürger Sachsen, Köln/Wien 1965.

Wagner, E.; Geschichte der Siebenbürger Sachsen, Innsbruck 1982$_2$.

Ungarn, Polen, Albanien, Venedig

Bogyay, Th. v.; Grundzüge der Geschichte Ungarns, Darmstadt 1977$_3$.

Fraknói, W.; Mathias Corvinus, König von Ungarn. 1458–1490, Freiburg 1891.

Elekes, L.; Hunyadi, Budapest 1952

Gopcevic, S.; Geschichte von Montenegro und Albanien, Gotha 1914.

Hellmann, M.; Grundzüge der Geschichte Venedigs, Darmstadt 1989$_3$.

Kretschmayr, H.; Geschichte von Venedig, Aalen 1964 (Reprint der Ausgabe Gotha u. Stuttgart 1905–34, 3 Bde.).

Macortney, A. C.; Geschichte Ungarns, Stuttgart 1971.

Meyer, E.; Grundzüge der Geschichte Polens, Darmstadt 1977$_3$.

Nehring, K.; Matthias Corvinus, Kaiser Friedrich III. und das Reich. Zum hunyadisch-habsburgischen Gegensatz im Donauraum, München 1989$_2$.

Razso, G.; Die Türkenpolitik Matthias Corvinus', in: Acta Historica Acad. Scient. Hungaricae 32 (1986), S. 3–50.

Rhode, G.; Geschichte Polens, Darmstadt 1980$_3$.

Zsolnay, V. v.; Vereinigungsversuche Südosteuropas im XV. Jahrhundert – Johann von Hunyadi, Frankfurt/M. 1967.

Osmanisches Reich

Babinger, F.; Mehmed der Eroberer und seine Zeit, München 1987.

Bashan, E.: Economic Life of the Jews in the Balcans and Anatolia 1453–1600, Oxford 1989.

Brockelmann, C.; Geschichte der islamischen Völker und Staaten, München und Berlin 1939.

Cazacu, M.; Les Ottomans sur le Bas-Danube au XVe siècle, in: Südostforschungen, Bd. 41, 1982, S. 27–41.

Coles, P.; The Ottoman Impact on Europe, London 1968.

Grunebaum, G. E. v. (Hrsg.); Der Islam II – Die islamischen Reiche nach dem Fall von Konstantinopel, Frankfurt/M. 1971 (FWG, Bd. 15).

Hammer-Purgstall, J. v.; Geschichte des Osmanischen Reiches, 4 Bde., Pest 1834/35$_2$ (Reprint 1963).

Inalcik, H.: The Ottoman Empire, London 1973.

Iorga, N.; Geschichte des Osmanischen Reiches, 5 Bde., Gotha 1908–13.

Matuz, J.; Das osmanische Reich. Grundlinien seiner Geschichte, Darmstadt 1986.

Miller, W.; The Ottoman Empire, Cambridge 1923.

Shaw, S.; History of the Ottoman Empire, Bd. 1, 1280–1808, Cambridge 1976.

Werner, E.; Die Geburt einer Großmacht – Die Osmanen, Wien 1972$_2$.

Zinkeisen, J. W.; Geschichte des osmanischen Reiches in Europa, 7 Bde., Hamburg 1840–63.

Römisch-Deutsches Kaiserreich

Aschbach, J.; Geschichte Kaiser Sigismund's, 4 Bde., Hamburg 1838–45

Bezold, F. v.; König Sigmund und die Reichskriege gegen die Hussiten, Hildesheim 1976 (Reprint der Ausgabe 1872–1877).

Leuschner, J.; Deutschland im späten Mittelalter, Göttingen 1975.

Loserth, J.; Geschichte des späteren Mittelalters von 1197 bis 1492, München und Berlin 1903.

Moraw, P.; Wahlreich und Territorien. Deutschland 1273–1500, München 1986.

Romano, R./Tenenti, A.; Die Grundlegung der modernen Welt – Spätmittelalter, Renaissance, Reformation, Frankfurt/M. 1967 (FWG, Bd. 12).

Byzanz

Beck, H.-G.; Das byzantinische Jahrtausend, München 1978.

Hertzberg, G. F.; Geschichte der Byzantiner und des osmanischen Reiches, Berlin 1883.

Hussey, J. M. (Hrsg.); The Byzantine Empire, 2 Bde., Cambridge 1966–67.

Kashdan, A.; Byzanz. Aufstieg und Untergang des Oströmischen Reiches, Berlin 1964.

Maier, F. G. (Hrsg.); Byzanz, Frankfurt/M. 1973 (FWG, Bd. 13).
Ostrogorsky, G.; Geschichte des byzantinischen Staates, München 1952.
Runciman, S.; Die Eroberung von Konstantinopel 1453, München 1969.
Schreiner, P.; Byzanz, München 1986.
Wirth, P.; Grundzüge der byzantinischen Geschichte, Darmstadt 1976.

Militärgeschichte

Bak, J. M./Kiraly, B. K. (Hrsg.); From Hunyadi to Rakoczi. War and Society in late medieval and early modern Hungary, Brooklyn 1982.
Delbrück, H.; Geschichte der Kriegskunst im Rahmen der politischen Geschichte, Berlin 1923.
Erben, W.; Kriegsgeschichte des Mittelalters, München u. Berlin 1929.
Halecki, O.; The Crusade of Varna, New York 1943.
Hohlweg, A.; Der Kreuzzug des Jahres 1944. Versuch einer christlichen Allianz zur Vertreibung der Türken aus Europa, in: Klaus-Detlef Grothusen (Hrsg.), Die Türkei in Europa, Göttingen 1979, S. 20–37.
Köhler, G.; Die Schlachten bei Nicopoli und Warna, Breslau 1882.
Kupelwieser, L.; Die Kämpfe Ungarns mit den Osmanen bis zur Schlacht von Mohacs, 1526. Wien/Leipzig 1899_2.
Lot, F.; L'art militaire et les armèes au Moyen Age en Europe et dans le Proche-Orient, 2 Bde., Paris 1947.
Oman, Ch.; A History of the Art of War in the Middle Ages, New York 1924_2.
Schlözer, L. v.; Ursprung und Entwickelung des alttürkischen Heeres, 1900.
Schmidtchen, V.; Kriegswesen im späten Mittelalter, Weinheim 1990.
Schurz, H.; Die Janitscharen, in: Preuß. Jahrb. Bd. 112 (1903).
Szakaly, F.; Phases of Turco-Hungarian Warfare before the Battle of Mohács, in: Acta Orientalia Acad. Scient. Hungaricae 33 (1979), S. 65–111.
Vaughan, D. M.; Europe and the Turk 1350–1700, London 1954.

Soziokultur

Borst, A.; Lebensformen im Mittelalter, Frankfurt/M. 1979.
Duby, G. (Hrsg.); Geschichte des privaten Lebens, Bd. 2, Vom Feudalismus zur Renaissance, Frankfurt/M. 1990.
Elias, N.; Über den Prozeß der Zivilisation – Soziogenetische und psychogenetische Untersuchungen, 2 Bde. Frankfurt/M. 1978_6.
Jacoby, H.; Die Bürokratisierung der Welt, Neuwied 1969.
Huizinga, J.; Herbst des Mittelalters, Stuttgart 1975_{11}.
Wittfogel, K. A.; Die Orientalische Despotie. Eine vergleichende Untersuchung totaler Macht, Frankfurt/M. 1977.
Zinn, K. G.; Kanonen und Pest. Über die Ursprünge der Neuzeit im 14. und 15. Jahrhundert, Opladen 1989.

Strafrecht, Hexen, Ketzer

Behringer, W. (Hrsg.); Hexen und Hexenprozesse in Deutschland, München 1988.

Dülmen, R. van; Theater des Schreckens. Gerichtspraxis und Strafrituale in der frühen Neuzeit, München 1988₃.

Greive, H.; Die Juden. Grundzüge ihrer Geschichte im mittelalterlichen und neuzeitlichen Europa, Darmstadt 1980.

Henningsen, G./Tedeschi, J. (Hrsg.); The Inquisition in Early Modern Europe, Dekalb (Ill.) 1986.

His, R.; Das Strafrecht des deutschen Mittelalters, 2 Bde., Aalen 1964 (Reprint der Ausgabe Weimar 1920).

ders.; Geschichte des deutschen Strafrechts bis zur Karolina, München u. Berlin 1928.

Lea, H. Ch.; Geschichte der Inquisition im Mittelalter, Bonn 1909–13.

Leff, G.; Heresy in the later Middle Ages (1250–1450), 2 Bde., Manchester 1967.

Levack, B. P.; The Witchhunt in Early Modern Europe, New York 1987.

Schmidt, E.; Einführung in die Geschichte der deutschen Strafrechtspflege, Göttingen 1965₃.

Soldan-Heppe; Geschichte der Hexenprozesse. Neu bearbeitet u. hrsg. von M. Bauer, 2 Bde., Hanau/M. o. J. (Reprint).

Stobbe, O.; Die Juden in Deutschland während des Mittelalters in politischer, sozialer und rechtlicher Beziehung, Amsterdam 1968 (Reprint der Ausgabe, Braunschweig 1866).

Thomasius, Chr.; Über die Folter – Untersuchungen zur Geschichte der Folter. Übersetzt und hrsg. von Rolf Lieberwirt, Weimar 1960 (s. insbes. die Einl. des Hrsg.»Die Aufnahme der Folter in das mittelalterliche-deutsche Strafverfahren«, S. 13–113).

Vampire

Copper, B.; Der Vampir in Legende, Kunst und Wirklichkeit, München 1974.

Everson, W. K.; Klassiker des Horrorfilms, München 1980.

Farson, D.; Vampire und andere Monster, Frankfurt/M. 1978.

Florescu, R./McNally, R.; In Search of Dracula. A true History of Dracula and Vampire Legends, Greenwich/Conn. 1972.

Leatherdale, C.; Dracula. The Novel and the Legend. A Study of Bram Stoker's Gothic Masterpiece, Wellingborough 1986₂.

Ludlam, H.; A Biography of Dracula: The Life Story of Bram Stoker, London u. a. 1962.

Masters, A.; The Natural History of the Vampire, London 1972.

Nandris, G.; The Dracula Theme in the European Literature of the West and of the East, New York 1965.

Pirie, D.; Vampir-Filmkult. Internationale Geschichte des Vampirfilms vom Stummfilm bis zum modernen Sex-Vampir, Gütersloh 1977.

Silver, A./Ursini, J.; The Vampire Film, London 1976

Sturm, D./Völker, K. (Hrsg.); Von denen Vampiren oder Menschensaugern. Dichtungen und Dokumente, München 1967 (als Teilabdruck auch als TB »Vom Erscheinen der Vampire« Dokumente und Berichte, München 1973).

Summers, M.; The Vampire, his kith and kin, New York 1960.

ders.; The Vampire in Europe, New York 1968.

Wolf, L.; The Annotated Dracula, London 1976.

Wright, D.; Vampires and Vampirism, London 1924.

Zeitschriften und Hilfsmittel

Archiv des Vereins für Siebenbürgische Landeskunde, AF, Bd. I–IV, Hermannstadt 1845–1851, NF, Bd. I–L, Kronstadt 1853–1871, Hermannstadt 1872–1944, Dritte Folge (Sieb. Archiv), Köln/Graz 1962 ff.

Biographisches Lexikon zur Geschichte Südosteuropas, hrsg. von M. Bernath und F. v. Schröder, Bd. 1–4, München 1974–1981.

Historische Bücherkunde Südosteuropas, hrsg. von Mathias Bernath, München 1978 ff.

Revue Roumaine d'Histoire, Bukarest 1962 ff.

Südost-Forschungen, Internationale Zeitschrift für Geschichte, Kultur und Landeskunde Südosteuropas, hrsg. von M. Bernath, München, 1937 ff.

Südosteuropa-Bibliographie, München 1956 ff.

Zeitschrift für Siebenbürgische Landeskunde, Köln/Wien 1978 ff.

Dramatis Personae

Kaiser und Könige

Sigismund von Luxemburg (* 1368 – † 1437), ungarischer (seit 1387), deutscher (seit 1410) und böhmischer (seit 1436) König, Kaiser (seit 1433)

Albrecht II., sein Schwiegersohn: (* 1397 – † 1439), ungarischer und böhmischer (seit 1437), deutscher König (seit 1438)

Ladislaus V. Posthumus, dessen Sohn: (* 1440 – † 1457), ungarischer (seit 1452) und böhmischer (seit 1453) König

Friedrich III. von Habsburg, Vetter Albrechts II.: (* 1415 – † 1493), deutscher König (seit 1440), Kaiser (seit 1452)

Wladislaw III. Jagello: (* 1424 – † 1444), polnischer (seit 1424) und ungarischer (seit 1440) König

Matthias (Hunyadi) Corvinus: (* 1443 – † 1490), ungarischer (seit 1458) und böhmischer (seit 1469) König

Türkische Sultane

Murad II.: (* 1403 – † 1451), regierte von 1431 – 1451

Mehmed II., ›der Eroberer‹, dessen Sohn: (* 1432 – † 1481), regierte von 1451 – 1481

Päpste

Nikolaus V.: (* 1397 – † 1455), eigentl. Thomas Parentucelli, Bischof von Bologna (1444), Kardinal (1446), Papst (1447 – 1455), der erste Renaissancepapst, Förderer der Wissenschaften und Künste

Pius II.: (* 1405 – † 1464), eigentl. Enea Silvio Piccolomini, Rat Friedrichs III. (1442), Bischof von Triest (1447), von Siena (1449), Kardinal (1456), Papst (1458 – 1464), Humanist, Dichter, Gelehrter

Fürsten der Walachei

Mircea cel Batrin (der Alte), 1386 – 1418

Alexander I. Aldea, 1431 – 1435

Vlad II. Dracul (* um 1400 – † 1447), 1435 – 1447

Vlad III. Tepes (der Pfähler) (* 1431 – † 1476 / 77),
448, 1456 – 1462, 1476 / 77, } dessen Söhne

Radu III. cel Frumos (der Schöne)
(* um 1436 – † 1475), 1462 – 1475,

Vladislav II., 1447 – 1456

Fürsten der Moldau

Bogdan II., 1449–1451
Stefan III. cel Mare (der Große), dessen Sohn (* 1437 – † 1504), 1457–1504

Ferner wirken mit:

Georg Brankovic (* um 1375 – † 1456), Despot von Serbien 1427–1456
Johann Capistrano (* 1386 – † 1456), Franziskaner, Wanderprediger, Inquisitor
Giuliano Cesarini (* 1389 – † 1444), Kardinal (1423), Legat des Papstes am ungarischen Hof (1443)
Johann Hunyadi (* um 1407/09 – † 1456), ungarischer Feldherr, Woiwode von Siebenbürgen (1439), Reichsverweser (1444–1452), Vater des Matthias Corvinus
Ibrahim Beg, Fürst von Karaman 1423–1464
Georg Kastriota/Skenderbeg (* 1403 – † 1468), Fürst von Albanien 1444–1468
Lukas Notaras, gest. 1453, byzantinischer Minister
Usun-Hassan, Beherrscher Persiens, 1453–1478
Michael von Szilagyi, gest. 1461, ungarischer Heerführer, Woiwode von Siebenbürgen, Schwager Johann Hunyadis, Onkel des Matthias Corvinus

Aussprache der rumänischen Namen

Aus Gründen der besseren Lesbarkeit habe ich im Text darauf verzichtet, die spezifisch rumänische Schreibweise (z. B. Vlad Ţepeş statt Vlad Tepes, Braşov statt Brasov) zu benutzen. Wem es um korrekte Aussprache zu tun ist, sei auf die beigefügten Karten verwiesen, auf denen die rumänischen Ortsnamen mit den zugehörigen diakritischen Zeichen verzeichnet sind. Ihre Bedeutung ist wie folgt:

ă   wie a in Kater
î   ähnelt keinem deutschen Vokal; wie ein i mit zurückgezogener Zunge
ş   wie sch
ţ   wie tz, z

Weitere Ausspracheregeln:

c   vor e und i wie tsch, vor a, o, u und h wie k
g   vor e und i wie dsch, vor a, o, u und h wie g
j   wie g in Genie
v   wie w
z   wie s in Hase

Zeittafel

1396	Sieg Bajesids I. über die Kreuzfahrer bei Nicopolis
1402	Sieg der Mongolen über die Türken bei Ankara
1414–1418	Konzil von Konstanz
1431	Kardinal Cesarini von den Hussiten bei Taus geschlagen
1432	erster großer Einfall der Türken nach Siebenbürgen
1437/38	Bauernaufstand von Bobilna
1439	die Türken erobern Semendria
	Union der katholischen mit der griechischen Kirche auf dem Konzil von Florenz
1442	Johann Hunyadi schlägt die Türken in Siebenbürgen zurück
1443–1468	Albanischer Widerstand gegen die Türken unter Skenderbeg
1444	Schlacht von Warna
1448	Schlacht auf dem Amselfeld
1453	Fall von Konstantinopel
1456	Belagerung von Belgrad
1459	Serbien türkische Provinz
1460	Griechenland türkische Provinz
1461/62	Vlad Tepes greift die Türken südlich der Donau an
1463	Fall Bosniens, Venedig erklärt den Osmanen den Krieg (bis 1479)
1467	Adelsrevolte in Siebenbürgen, Matthias Corvinus von Stefan dem Großen in der Moldau geschlagen
1472/73	Mehmed II. besiegt Usun-Hassan
1475	Stefan der Große schlägt die Türken bei Vaslui
1476	Mehmed II. besiegt Stefan bei Razboieni
1481	die Türken landen in Italien und erobern Otranto
1526	Schlacht von Mohacs
1529	erste Belagerung Wiens

Abbildungsnachweis

S. 3, Karte, in: M. Huber, Grundzüge der Geschichte Rumäniens, Darmstadt 1973.

S. 4, 18, 20, 21, 26, 29, 44, 96, 99, 108, 111, 117, 123, 126, 148, 149, 155, 158, 160, 162, Copyright Rosemarie Paetau, Berlin.

S. 11, Mittelalterliches Hausbuch des Fürsten Waldburg-Wolfegg.

S. 13, 88, 113, 152, Schedelsche Weltchronik, Nürnberg 1493.

S. 15, 133, Layenspiegel, Augsburg 1512.

S. 16, 33, 71, 89, Johannes de Thurocz, Chronica Hungarorum, Augsburg 1488.

S. 17, 58, 67, 157, Das Wiener Bürgerliche Zeughaus, Katalog, Wien 1977.

S. 47, Antonius Bonfinius, Rerum Ungaricorum Decades, Basel 1545.

S. 50, 53, Marinus Barletius, Historia de Vita e Gestis Skanderbegi, Augsburg 1553.

S. 54, Wilhelm von Breydenbach, Reisbuch, Mainz 1486.

S. 61, Handzeichnung der Jenaer Handschrift des Otto von Freising.

S. 63, Der beschlossene gart der Rosenkrantz Marie, Nürnberg 1505.

S. 64 / 65, Livius, Römische Historica, Mainz 1523.

S. 66, Polyphor Vergilius, Von Erfindung der Dingen, Augsburg 1537.

S. 86, Stich von Joannes Peeters.

S. 103, Dracole Wayda, Straßburg 1500.

S. 119, Kupferstich von Melchior Lorichs.

S. 143, aus: M. Hejj, Der königliche Palast in Visegrad, Budapest 1977₂.

Personenregister